皇室はなぜ尊いのか

日本人が守るべき「美しい虹」

渡部昇一

PHP文庫

○本表紙図柄＝ロゼッタ・ストーン（大英博物館蔵）
○本表紙デザイン＋紋章＝上田晃郷

皇室はなぜ尊いのか

目次

第1章

外国人から見た皇室

第2章

日本史のなかの皇室

第3章

皇統はなぜ保たれたのか

第4章

皇室伝統を再興するために

第5章

小林よしのり氏 女系論への弔鐘

第1章

外国人から見た皇室

◉日本人の総本家

皇室について、いまの日本の子供たちがどういうイメージをもっているかは分からないが、戦前、私たちが子供だったころは、皇室は「日本人の総本家」というイメージで共通していたように思う。

都会はともかくとして、田舎では本家と分家がはっきり区別されていた。ときとして分家のほうが金持ちになり、本家が落ちぶれることもあったが、冠婚葬祭、とりわけ葬式の席では、本家のステータスは高かった。最初に焼香（しょうこう）するのは本家であり、どんなに羽振（はぶ）りがよくても分家はそのあとである。そういう日常の体験を通して、子供も本家と分家の関係を学び、「数ある本家のうちの総本家みたいなものが皇室」という考え方はすっきりと頭に入った。

学校に行くようになると、「皇室は日本人の総本家」というイメージがいっそう明瞭になってくる。たとえば、歴史で鎌倉幕府を開いた源頼朝のことを習う。源氏のもとをたどれば、皇室から出て「源（みなもと）」姓を賜わった家だと分かり、「ああ、なるほど。皇室が本家か」と納得するわけである。

私の場合、他の人と少し違ったのは、皇室は日本人の総本家であるだけでなく、「天皇は神様よりも偉い」と捉えていたことだ。これは生家の庭にお稲荷さんの祠（屋敷稲荷という）があったことと関係する。

「屋敷稲荷」はふつうのお稲荷さんと同様に、縁日に旗を立てる。そこに「正一位稲荷大明神」と記されていた。まだ漢字が読めなかったころに、私は何と書いてあるかを家族に尋ね、教えられた読み方のうちで「しょういち」だけが頭に残った。

あるとき、五歳年上の姉に「私はお稲荷様と同じ名前だ」といったら、「お前の名前ではないよ。しょういちではなくて、しょういちい。正一位というのは位のこと」とあっさり否定された。そういわれたときは不愉快だったけれども、そのうちに「正一位」が朝廷の授ける位だと分かると、「お稲荷様でも天皇から位をもらう。だから、日本では天皇のほうが神様よりも偉い」という感じをもつようになったのである。

さらにもう少し歳をとると、神社にもいろいろと格付けがあることを知った。

神社の縁日に立てられる旗に「県社」とか「村社」などと書かれていて、一番上が「官幣大社」である。そういうランキングは、すべて皇室から与えられて成立している。すると「天皇は神様よりも偉い」という感じがよりいっそう強くなった。

さらに歳をとって学校に入ると、靖国神社の歌を教えられた。その一節に、

♪日の本の光に映えて
尽忠の雄魂祀る
宮柱　太く燦たり
ああ大君のぬかづき給ふ
栄光の宮　靖国神社

とある。「ああ大君」の「大君」とは天皇のことだ。靖国神社は国のために死んだ人を祀っているから、他の神様とは違い、天皇陛下もお辞儀をするのだと理解した。そのほかに、天皇陛下がお参りなさるのは、伊勢神宮、明治神宮など、

皇室のご先祖様の神宮ということも分かった。

こういったことは勉強して覚えたわけではない。いわば当時のふつうの日本人の常識としての素朴な皇室観である。この素朴な皇室観が威力を発揮したのは、私がドイツに留学したときだった。敗戦から十年後の昭和三十年（一九五五年）のことである。

同じ敗戦国でも、ドイツと日本の復興の差は大きかった。「食」からして段違いなのである。留学する前、私は東京・四谷の寮に住んで、上智大学に通っていた。田舎は米に困らないから、私は実家が受け取る配給米を外食券に換えて送ってもらっていた。当時、東京に外食券食堂というものがあり、外食券をもっていくと、パンでもご飯でも食べられた。一番安い一三円のパンを頼むと、コッペパンを切って、「ジャムにしますか、バターにしますか？」と聞かれる。「バター」というと、マーガリンをサッと塗ったものが出てくる。「ジャム」というと、ジャムらしきものをサッと塗ったものが出てくる。ちなみに、米飯のほうは、ご飯一杯と味噌汁に福神漬けがちょっと付いたぐらいのものだった。

ところが、ドイツに留学すると、当然ながら朝食からパンにバターだけれども、マーガリンではなく本物のバターが出てきた。それもサッと塗るのではなくて厚く塗る。日本人の感覚では、「塗る」というより「置く」という感じだった。そのうえ、薫製(くんせい)ハム、卵、チーズが食卓に載った。このチーズがまた厚い。日本では贅沢品というべき食品が、ドイツにはふんだんにあった。

「住」に至っては、その差がさらに大きかった。私が住んでいた上智大学の寮は、進駐軍から払い下げられたトタン屋根のかまぼこ兵舎で、内部には仕切りも廊下もない。夏は外よりも暑く、冬は外と同じくらい寒い。洗面所、トイレは別の建物にあり、雨が降ってもいったん外に出て行かなければならない。ところがドイツへ行くと、戦後建った学生寮なのにセントラルヒーティングなのだ。冬でもパジャマ姿で勉強できる。水回りも室内まで来ていて、部屋のなかで顔が洗えた。

そもそも当時は、日本のふつうの旅館でさえ、洗面所は廊下にあった。一流の旅館でもトイレは部屋の外だったと思う。ところが、ドイツは学生寮ごときで、そうなのである。私は心から「恐れ入った」と思った。

◉「日本人はトロイな国民だ」

　ドイツ人と接していれば、いろいろとお国の話も出る。「いま、日本はこうだ」と話せても、残念なことに「お国自慢」はなかなかできずにいた。

　戦前なら「連合艦隊」といえただろうが、すでに艦艇は海の底である。湯川秀樹博士がノーベル物理学賞をもらったあとだったが、「ノーベル賞をもらった日本人がいる」といったら、ドイツ人に笑われそうなので口に出せなかった。第一回ノーベル物理学賞はドイツ人のレントゲンであり、以後、何人も受賞しているからである。日本文学はどうかといっても、そもそも向こうの知らないことは自慢にならない。紫式部の名前を挙げて、「それは何だ」といわれたらお終いである。

　当時、ドイツの対日感情はよかったので、しょっちゅう向こうの家庭に呼ばれた。そのうちの一軒で、ある日、「君の国には戦争中、テノー（天皇）というのがいたな。あの人はどうしているんだ？」と聞かれた。

「戦前も戦中も、いまも同じです」と答えたら、先方はたいへんに驚いた。負けた国で一番上にいた君主が敗戦後も同じ地位にあることなど考えられなかったのだ。

第一次大戦中に革命が起こったロシアでは、皇帝が殺された。戦争に負けたドイツは、皇帝がオランダに亡命し、同じく敗戦国のオーストリーは皇帝が廃された。第二次大戦でも、ルーマニア、イタリアで王様がいなくなった。ところが、あれだけの大きな戦争をやって負けた日本で、君主が同じだというのは尋常ではないと、そのドイツ人は感じたらしい。

ドイツで最後の皇帝となったヴィルヘルム二世は、第一次大戦の敗戦後、オランダに逃げた。当時は戦争犯罪裁判がなかったので死刑台に吊(つる)されはしなかったが、国内にいれば革命勢力のドイツ人に殺されたかもしれない。ドイツ人にしてみれば、第一次大戦でたくさんの人が死んだのに、当の皇帝が亡命して命を長らえたことを快く思わなかったとしても不思議はない。

くだんのドイツ人は、「日本人はトロイな国民だ」と表現した。「トロイな国民」とは「忠実な国民」という意味だが、この「忠実」には「忠誠を忘れなかった」というニュアンスがある。彼は「忠実な日本人を尊敬する」といった。

ドイツ人はヴィルヘルム二世に対して、忠誠がなかった。だから、ヴィルヘルム二世が逃げざるをえなかったといえる。

もっとも、日本の天皇とヴィルヘルム二世とでは状況も立場も違う。ヴィルヘルム二世は自分から戦争したがった。昭和天皇が戦争をしたがらなかったことは、当時の国民は誰でも知っていた。戦争を始めたのは内閣で、収めたのは天皇という意識のほうが強かった。だから、天皇は退位したり亡命したりしなくてもいいという総意があった。

ドイツ留学中の私は、このときひらめいた。

「皇室がお国自慢の種になるのではないか」

ただし、先ほども述べたように、「向こうの知らないことは自慢にならない」から、向こうの知っていることに合わせて表現しなければならない。そこで思いついたのが、ギリシア神話である。

トロイ遺跡をドイツ人のシュリーマンが発見したこともあり、ドイツで一番有名なギリシア神話はトロイ戦争だ。トロイ戦争の英雄であるアガメムノンはミケーネの王様で、ギリシア軍を率いた総大将、王のなかの王であることはよく知られている。

そのアガメムノンの父親はプリステネス。この人はあまり有名ではないけれども、その親がアトレウス、その親がペロプス、その親がタンタウルス。タンタウルスぐらいになると神話の時代になり、タンタウルスの親がギリシア神話の最高神、ゼウスである。

神話の系統によっては、アガメムノンの父のプリステネスを抜いてアトレウスにつなげる人もいる。これだとゼウスから数えると、ゼウス、タンタウルス、ペロプス、アトレウスときて、五代目がアガメムノンになる。プリステネスを入れれば六代目だ。

日本もまた、初代神武天皇の上は神話につながっている。「皇室を語るときにアガメムノンと神話の話を使えばいい」と考えついたことは、いまにして思うと愉快である。

◉アガメムノンの子孫がいまもギリシア国王だったら

ここで日本の神代（かみよ）の系譜を振り返っておこう。

最初は男女の性別がない神様があった。それから伊奘諾尊（いざなぎのみこと）・伊奘冉尊（いざなみのみこと）という男女神ができ、伊奘諾尊・伊奘冉尊が槍で海をかき回して槍を上げたら、しずくが垂れて、それが島になった。こういう性的に説明できそうな話から日本が始まっている（**図1参照**）。

伊奘諾尊・伊奘冉尊という二人の神様から四人の神様が生まれた。女としては大日孁尊（おおひるめのみこと）、これは天照大神（あまてらすおおみかみ）である。次の月読尊（つくよみのみこと）は神話にあまり出てこない。三番目の蛭児（ひるこ）は「形をなさない子供」とあり、未熟児か何かだったと思われるが、葦（あし）の船に乗せられて流された。最後が素戔嗚尊（すさのおのみこと）である。

神話では、大日孁尊（天照大神）と素戔嗚尊が誓いを交わして子供をつくったとなっている。「誓いを交わす」というのは、男女の仲の誓い、すなわち結婚にほかならない。

若いころの私はそんなことを考えもしなかったが、中学・高校の恩師である佐藤順太先生の家に遊びに行ったときに神代の話が出て、「天照大神と素戔嗚尊は夫婦だよ」と、当たり前のようにおっしゃったので驚いた記憶がある。その後、いろいろな本を読んだ結果、大日孁尊と素戔嗚尊の「誓約（うけい）」は「結婚」と考えていいという結論に落ち着いた。

大日孁尊と素戔嗚尊のあいだに、男の子が五人、女の子が三人生まれた。のちに夫婦ゲンカが始まると、乱暴者だった素戔嗚尊は他の神様たちから嫌われていて、みんな姉の大日孁尊についた。結局、素戔嗚尊は高天原（たかまがはら）を追い払われ、最初は朝鮮半島に行ったが、「こんな木のないところは嫌だ」といって山陰地方に戻ってきた。なお、素戔嗚尊の子供は木の種をもって木の国（紀の国）に行き、木を植えたという話もある。

ここで面白いのは、男の子を女親が育て、女の子を男親が引き取ったことだ。素戔嗚尊が引き受けた女の神様は、市杵嶋姫命（いつきしまひめのみこと）、湍津姫命（たぎつひめのみこと）、田霧姫命（たきりひめのみこと）。九州の宗像（むなかた）大社に

図1　神代の系譜

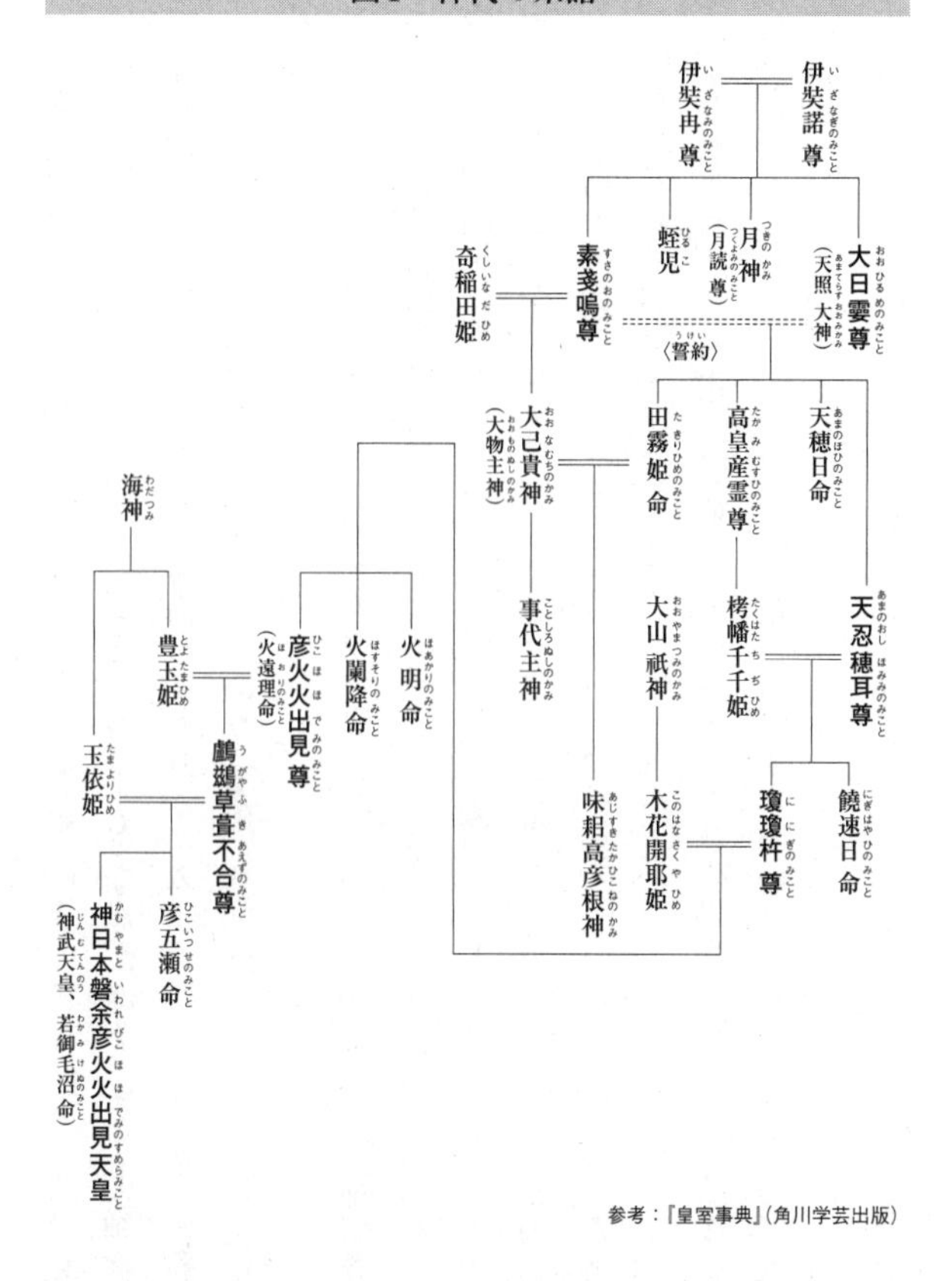

参考：『皇室事典』(角川学芸出版)

祀られている女神たちで、隠岐（おき）の島の神様にもいるし、厳島（いつくしま）の神様にもいる。私が現在住んでいる家の前に池があって、祠を祀った小さな島がある。そこの神様も素戔嗚尊の娘となっているが、どうも海に関わりがあるようだ。そこから解釈すれば、素戔嗚尊も海と関わりがある存在であり、だから朝鮮半島のほうに追いやられたのだろう。

大日孁尊こと天照大神は、男の子を五人受け取った。そのなかで天照大神が一番愛したのは、正勝吾勝勝速日天忍穂耳尊（まさかつあかつかつはやひあめのおしほみみのみこと）。簡単に天忍穂耳尊（あめのおしほみみのみこと）というが、この神様が高皇産霊尊（たかみむすひのみこと）の娘（孫娘という説もある）と結婚して生まれたのが瓊瓊杵尊（ににぎのみこと）である。このときに天孫降臨したということになっていて、皇孫（こうそん）瓊瓊杵尊とよくいわれる。

瓊瓊杵尊の配偶者が、木花開耶姫（このはなさくやひめ）である。これは桜を象徴したともいわれるが、土着の王族の娘と考えてもいいだろう。ここから三人の子供が生まれた。

そのうちに「海幸彦」で知られる火明命（ほあかりのみこと）と「山幸彦」で

知られる彦穂穂手見尊（ひこほほでみのみこと）がいる。彦穂穂手見尊は海神（わだつみ）の娘である豊玉姫（とよたまひめ）と結婚し、子供の鵜葺草葺不合尊（うがやふきあえずのみこと）も海神の娘である玉依姫（たまよりひめ）と結婚して、神武天皇が生まれる。海神というのは海辺（うみべ）に住み、漁業などをしていた土着民の酋長（しゅうちょう）であろう。

初代の天皇である神武天皇からさかのぼると、鵜葺草葺不合尊、彦穂穂手見尊、瓊瓊杵尊、天忍穂耳尊、そして天照大神あるいは素戔嗚尊に至り、五代。神武天皇をアガメムノンに重ねると、ぴったり合うではないか。

ドイツ人にはこれほど詳しくは説明しなかったが、神武天皇から五代さかのぼると皇室の先祖として崇（あが）められている伊勢神宮の神様に辿（たど）り着くことを伝え、「アガメムノンの子孫が絶えずに、いまもギリシアの国王であったとしたならばどうであろうか」と問うた。誰もがアガメムノンを知っているし、いまのギリシアの状況も知っているから、「ああっ」という表情になる。

彼らにしてみれば、日本は十九世紀のペリー来航以後、急に世界史に躍り出た新参者という印象が強い。しかし、「アガメムノンの子孫が現在まで続いていたら……」というイメージを通して眺めさせれば、日本が古い国であることを知らしめることができたのである。

このレトリックはじつに効果的だった。私はドイツに続いてイギリスへ留学したが、イギリスでも同じだった。いや、イギリス人のほうがもっとピンと来るところがあった。まだ王様がいるからだ。現在のイギリス王家は、一七一四年にドイツから来た人に始まる。日本の皇室と比べたら、昨日できた王家のようなものである。

「アガメムノンの比喩（ひゆ）」は、帰国したあとも非常に役に立った。一九六〇年代の高度成長を経て世界第二位のGDPを有するようになった日本に対して、ヨーロッパ人の受け取り方は、「急に金持ちになった新参者め」という感じだった。ところが、このレトリックを出すと、「ああ、旧家だったのか」というふうに変わった。旧家というものはそれだけで尊敬を受ける。「日本は旧家」というイメージを外務省も使うべきだと思うのだが、有効に使った例を知らない。

◉奇跡だった天皇ご巡幸

第二次大戦に負けても、日本では天皇が変わらなかった。これを「奇跡」という言い方をする人はあまりいないけれども、世界の歴史において「奇跡」といってもいいのではないかと思う。

さらに「奇跡」と呼ぶべきは、天皇が終戦直後、日本人を守ることができたこと、そしてご巡幸（じゅんこう）の先ではどこでも歓迎を受けたこと、ご巡幸でほとんどSPがつかなかったのに危害が加えられなかったことだ。ふつうの常識からすると、これは説明がつかない。

ご巡幸では泊まるところがなく、県庁の会議室を急に寝室にしたり、汽車のなかに泊まられたりしたとも聞くが、私自身もご巡幸に巡り合った経験がある。中学五年生のときだったと思う。夏休みに最上川（もがみがわ）の支流で泳いでいたら、土手の向こうに突如、見たこともない立派な車が数台現れた。当時、車は珍しい。ふつうの車はバスしかなくなっていて、それも木炭車だった。

「あれはなんだ？」

「あっ、天皇陛下が来るという話だった」

「それだあ！」

というわけで、私たちはすぐに川からあがり、ズボンをはく暇はないからふんどし姿にシャツだけひっかけて、下流の橋のたもとまで駆けていった。

天皇陛下の車はゆっくり橋を渡ってこられた。周囲に護衛の姿はなかった。天皇陛下に触ろうとすれば触ることができただろう。お体に触れたかったけれどもそうはせず、私は陛下の車には触った。そういう記憶がある。

あの天皇陛下のご巡幸は、日本の精神史の一ページを飾ってもいい出来事である。日本人の天皇観を理解するためには外せない。

数百万の人が死んだ敗戦の直後である。非戦闘員の市民まで空襲で死んだし、兵隊になって帰ってこない人もいた。日本中に、夫を失った未亡人たち、子を失った親たち、兄弟を失った者たちがいっぱいいた。恨まれてもいいはずなのに、天皇を恨んでいた人がいない。

当時は悪質な労働運動がまだ根を下ろしていなくて、工場に行っても天皇陛下は歓迎された。余談になるが、工員の一人が陛下と握手しようと手を差し出したら、「日本式にやりましょう」と天皇がおっしゃってお辞儀をされた、という話がある。握手すると間隙ができるし、力強く握られたら手を傷める。これは賢明に対処されたと思う。

それにしても、SPがいないということが重要である。終戦後の最も混乱した時期だけに、騒ぎが起こっても不思議はない。ところが、何事も起こらなかった。これが皇室のすごいところだと私は思う。

「日本はすべて困難のなかにあるけれども、ただ一つ動かない安定点は天皇である」と、当時のイギリスの新聞が書いた。私は当時まだ英語の新聞を読めなかったが、そういう趣旨の記事だったと聞いている。

◉日本人の「宇宙観」

ヨーロッパ留学から帰国して、日本の皇室とヨーロッパの皇帝や王家、さらにシナの皇帝と、どこが違うかを考えた。

たまたま私がドイツで付いたカール・シュナイダー教授は、印欧比較言語学で最も正統派に位置する方だった。シュナイダー先生の先生はヘルマン・ヒルト。近代におけるインド・ゲルマン語学の集大成者の一人といわれて仰ぎみられた人である。この方の晩年の唯一の弟子がシュナイダー先生で、最後のころは「私の家に泊まれ」といわれ、先生のご自宅に泊まって、一緒に朝食を食べながら質問されるのが授業だったという。

シュナイダー先生の講義を聞いていて非常に面白かったのは、私が知っている神社の話を髣髴（ほうふつ）とさせる内容があったことだ。

たとえば、『古事記』に「底津磐根（そこついわね）に宮柱（みやばしら）太しり、高天原に千木（ちぎ）高しりて」という記述がある。木材を交差させる「千木」という屋根の装飾は、日本の神社建築の特徴だが、古代のゲルマン民族も千木のような装飾を用いていた。その形である「X」は、ルーン文字で「家」の意味がある。ちなみに、ゲルマン民族は石文化でなく木造文化だった。

また、古代のゲルマン民族は神様を尊ぶときに、花でなく、常緑樹を供える。最も使われるのはドイツ語で「Eibe（アイベ）」という木である。これは日本で

図2　古代ゲルマン人の考えた中国(なかつくに)

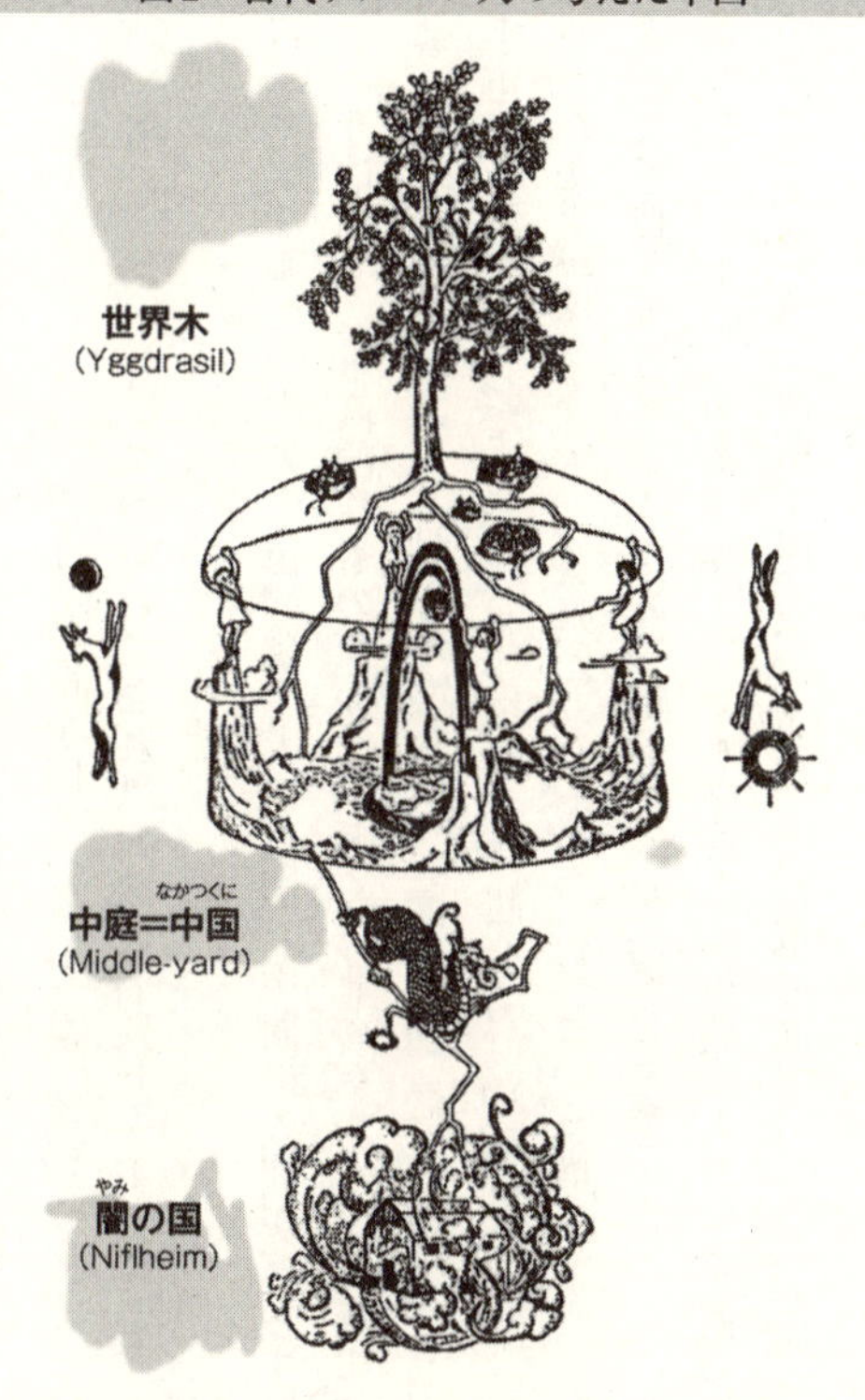

古代ゲルマンの世界観
(E.V.Gordon, An Introduction to Old Norse. Oxford:Clarendon Press, 1957 より)

「イチイの木」と呼ばれる。この木は神事や天皇の笏（しゃく）に用いられ、「一位」の位（くらい）をもらっているということで、その名がつけられた。英語では「Yewtree（ユーツリー）」といい、イギリスでもよく名前を聞くけれども、墓場に生えていて「不気味な木」というニュアンスがある。これは異教の名残りを不気味とする感覚だろう。

さらに、古代ゲルマン人の宇宙観は、上に天国、中間に人間が暮らす世界、下に地獄という構図で、垂直的なものだった。とくに北のゲルマン民族の神話は、人間が暮らす「中庭」、上に「世界木」、下に「闇の国」（いわば「死者の国」）が広がる宇宙をイメージしていた。日本の神話の場合も、中国（なかつくに）の上に高天原（たかまがはら）、下に黄泉国（よみのくに）という構造で、この古代ゲルマン人とよく似た垂直イメージの宇宙観だった**（図2参照）**。

これに対してシナの「中華世界」は、水平的な宇宙観である。平面の真ん中が尊く、周辺を「北狄（ほくてき）、南蛮（なんばん）、西戎（せいじゅう）、東夷（とうい）」が取り巻く。したがって中国の「中」は、水平的な意味での真ん中である。

古代ギリシアでも、「地中海」の「中」は水平的な概念だった。古代ギリシア人は、全世界の中心に「オケアノス」という大きな川が流れていると考えた。ちなみに「オケアノス」は「大洋（オーシャン）」の語源である。そしてギリシア文明圏の中心に位置する海を「地中海」と呼んだ。このように、古代のシナ人やギリシア人、ローマ人がもっていた中華思想は、水平イメージの宇宙観を前提にしていたといえよう。

◉ローマの「傭兵隊長」につながる家柄

私たちが習った西洋の歴史、とくに近代諸国の歴史は、フランス史であろうが、ドイツ史であろうが、イタリア史であろうが、イギリス史であろうが、キリスト教が入ってからのものである。偶然にも私はドイツでルーン文字の一番の権威である人に習ったから、キリスト教が来る前のゲルマンの世界を知ることができた。これは非常に大きかった。

私が感じたのは、元来はどこの国も先祖崇拝が中心であったのではなかろうかということである。少なくともインド・ゲルマン語圏と日本はそうだっただろう。

そういう国においては、神話の後ろのほうになると王家が始まる。先ほど述べたアガメムノンの神話にしてもインド・ゲルマン系の一つだが、ゲルマン神話でも神様から王家につながっている。ゲルマン人の部族の長には「軍神オーデンの子孫」という系図をもっている者もいた。構造として神様の子孫が王になるのは、特定の部族にとどまる特性というより、むしろ日本神話のような観念が世界的に普遍だったのではないか。

ヨーロッパ世界では、一神教によってこれが変質した。一神教が現れると、人が神話に結びつく観念はなくなり、神様と切り離されたのだ。しかし、一神教が入ったローマ帝国でも、「尊い先祖」という概念が残ったところがある。それは「傭兵隊長」だ。

当時のラテン語で傭兵隊長を「REX（レックス）」という。いまはこれを「王様」と訳すけれども、元来は「傭兵隊長」の意味である。

傭兵隊長は地理に関係なく、民族に関係があった。たとえば、「レックス・フランコールム」は「フランク人の傭兵隊長」を指す。その傭兵隊がフランク人の集まりかというと、そうとは限らない。いろいろな部族が集まっていてもいい。ただ、傭兵隊の長がフランク人出身ということである。同じように、レックス・ゴートルムは傭兵隊長がゴート人ということであって、隊長の下にはいろいろな部族が集まっている。

このように傭兵隊長は出身の民族名で呼ばれる。レックス・ゴートルムが支配した地域はのちに「スペイン」と呼ばれるようになるが、それでもなお傭兵隊長は「レックス・スパニアエ」とは呼ばれず、「レックス・ゴートルム」だった。

現在でも、ヨーロッパに残る貴族で、ローマ時代の傭兵隊長を祖先にもつ家がある。学者によると、西ヨーロッパではだいたい五〇〇ぐらいあるという。いずれもローマ帝国まで血筋が辿れるので、貴種の家系だとされる。

つい最近まで国際古書学会で会長を務めた人はスペインの貴族だった。この人の家に行くと、ゴート族以来、「この時代はこの家系だった」と証明するための系図が、二部屋ぐらいを占めていた。彼の顔を見ていて「どこかで見た顔だ」と思ったら、エル・グレコの絵に描かれた人物と似ていた。話を聞くと、先祖がエル・グレコを呼び、自分の家の教会に絵を描かせたとのことだった。

元を辿るとローマ時代の傭兵隊長までさかのぼれるのが、ヨーロッパでは本物の貴族である。彼らはそのことをよく分かっていて、この五〇〇ぐらいの貴族のあいだでは国境を越えて結婚できるという。

私たち日本人にはピンと来ないが、第一次世界大戦という大きな戦いで敵対したイギリスの国王とドイツの皇帝は従兄弟(いとこ)同士の関係にあった。いまのイギリス王家はドイツのハノーヴァーから呼んできた人の系譜で、大英帝国全盛期に君臨したビクトリア女王の夫アルバートはドイツ貴族だった。そういう関係から、ビクトリア女王の娘の一人がドイツへ嫁に行き、その子供がドイツの皇帝になったのだ。

現在のエリザベス女王の母はスコットランド人だと思うが、それ以前の約二百年にわたって、イギリス王の王妃にはすべてドイツ貴族の娘を迎えていた。エリザベス女王の夫君エディンバラ公はギリシア王家の人だが、ギリシア王家も元来ドイツから来ている。したがってエディンバラ公の父方はドイツ系であり、ドイツ系のなかでも、ローマ帝国のレックス系なのである。

逆にいうと、王室は自分の国の貴族とはなかなか結婚できない。ダイアナ妃(ひ)がイギリス王室内で人気がなかった理由は、イギリス貴族の娘だからである。ダイアナ妃の生家スペンサー家はイギリスの古い貴族ではあるが、ローマ帝国のレックスの系統ではない。

日本の場合、たとえば皇后になる人が韓国から来たり、シナから来たり、満洲から来ることは歴史上なかった。何代も経て日本人と融け合って混血すれば皇后になるけれども、海外の王家から直接、皇后として迎えなかった。これは日本の皇室の特徴の一つだろう。

ただ、他国の王家から皇后を迎えなかった伝統は、私は破ってもいいという気がする。

いまの皇太子殿下の配偶者がなかなか決まらなかったころ、外交官の岡崎久彦氏に「タイ国あたりにいい方はいませんか」と聞いたら、「いるけれども、歳が合わない」とのことだった。日本とタイにはローマ帝国のような共通する歴史の基盤はないが、タイ国の王女と皇族が結婚すれば、タイは絶対的な親日国家になり、米不足の心配はなくなるだろう。

もっとも、日本の皇室と縁組みできる格のある国は、いまはほとんどない。探せば、タイとアラブの王国くらいだ。とはいえ、アラブの王様は宗教が違いすぎる。イギリス、ベルギー、オランダ、スウェーデンは、ちょっと考えられない。王様がいるにしても、スウェーデン王家などはナポレオン戦争のころに一度王様が絶えてしまい、ナポレオン麾下(きか)の軍団から評判のいい将軍を王に迎えた家系なので、格は低い。

かつて大江健三郎(おおえけんざぶろう)氏が「文化勲章はもらわないが、ノーベル賞はもらう」と生意気なことをいった。その理由は「スウェーデンは平和な国家、日本は戦争をしたから」だと。これは大江氏の無知をさらけ出している。昭和天皇が戦争に反対だったことは誰でも知っている。一方、スウェーデンは、「侵略者ナポレオン」の一将軍が王家の始まりなのだから。

◉宮沢喜一・加藤紘一の失態

天皇陛下は敗戦後だけでなく、戦争中も動かれなかった。このことを、戦後しばらく経ってから、『インディペンデント』というイギリスの高級な新聞が「日本の天皇は自分が征服したところに出かけなかった」とわざわざ書いていた。「日本の天皇陛下が軽々しく動かれないことは大きな外交資産である」というようなことを、昔の外務省の人が書いていたのを読んだこともある。

「日本の天皇は動かない」ということから、たとえばシナ人などには「天皇に会うと格が上がる」という感じがある。先年、中国の習近平(しゅうきんぺい)副主席が来日したとき、民主党の小沢一郎幹事長に働きかけて強引に天皇陛下に拝謁(はいえつ)した。「天皇と会った」ということが、中国で後継者となるうえで有利に働いたのだろう。

「天皇は軽々しく国外に行かない」という伝統は、良き伝統だと思う。これを崩して平成四年（一九九二年）十月に天皇訪中を実現させたのが宮沢喜一内閣であり、中心となったのは加藤紘一官房長官である。この人たちは許せない。そのせいかどうかは分からないが、戦後の総理大臣を調べたところ、犯罪人とみなされた田中角栄は別として、亡くなるとみんな大勲位(だいくんい)か勲一等になっている。ところが、少なくとも私が調べた時点では、宮沢喜一には勲章がない。ひょっとしたら、天皇を軽々しく外国に出したことで、その筋から批判があったのではないか。

もちろん一九九二年の天皇訪中に反対する人はいたし、私もとんでもない話だと思っていた。しかも、天安門事件を起こして中国が外交的に孤立し、身動きできなくなった時期に、中国を包囲する西側諸国の輪で一番弱いところを狙ったと、当時、中国の外務大臣だった銭其琛は書いている。それにまんまと乗せられたのである。

そのときはおそらく「天皇に来ていただければ、二度とシナ事変の話はしません」というようなことを宮沢、加藤両氏は囁かれたのではないかと思う。しかし、文書に残すわけはないから、いったん訪問してしまえば、向こうは国民に向かって「天皇が朝貢に来た」という趣旨の宣伝をするに決まっている。

朝貢外交の分かりやすい例は、江戸時代の朝鮮通信使である。日本から使節が行かないのだから、あれは明らかに朝鮮の側からの朝貢だ。要は、秀吉のような者に二度と来てほしくないと恐れてのことだったと思われる。それは通信使と呼ばれたけれど、朝貢使と訳したほうが正確だろう。

一九九二年の「朝貢」は「ついに日本が、中国に降参した」という意味をもっていた。ふつうのシナ人は、この前の戦争で中国が日本を負かしたとは思っていない。ところが、天皇がわざわざ足を運んで「首都の北京にやって来た」となれば、「日本が負けて、中国の下に入った」という印象を与える。

蔣介石、毛沢東、周恩来、それから鄧小平も、日本を好きだったとは思わないが、少なくとも日本を舐めることはなかった。むしろ畏敬の念があったと思う。しかし、天皇陛下が訪中してからはダメである。それは江沢民を見ればいい。傲慢無礼、皇室の晩餐会に呼ばれても、服装をちゃんとしない。しかも、その席でこの前の戦争の話をぶったりする。無礼極まる。これは「家来になった奴の家に来てやったんだ」という態度である。こういう事態を招いたのは宮沢内閣の責任であることを、国民は忘れるべきではない。

ヨーロッパの国々は、元首が訪ね合う。相互に往来するという観念があるところには、いくらいらっしゃってもかまわない。これは親しくなる一つの方法である。しかし、そういう観念がないところには、絶対にいらっしゃってはいけない。現在、天皇の訪韓を画策する者がいて、その連中の袖の下に金が入っているかどうかは知らないけれど、そんな者のいうことに耳を貸してはいけない。少なくとも「中華」「朝貢」という伝統がある儒教国へのご訪問は、欧米のような

「親善」にはならないのだ。

ちなみに東アジアで、シナ大陸の政権と対等の交渉をした国は日本しかない。聖徳太子が文書の取り交わしに際して、両国が対等であることを示したことは確かである。日本の文献には「東の天皇、西の皇帝に敬んで白す」とある。向こうの『隋書』にも「日出づる処の天子　書を日没する処の天子に致す　つつがなきや」と記されている。明らかに対等の交渉だった。だから、隋の煬帝は「これを覧て悦ばず」なのである。その後の遣唐使は、勉強したい人が行っただけで正式の外交関係とはいいがたいものがあるし、ましてや朝貢ではない。これは非常に大事な点だということを強調しておきたい。

対等でないということを分かりやすくいうと、朝鮮の例をあげるのが一番いい。李氏朝鮮は国号をシナに選んでもらい、年号までシナと同じだった。これはシナの王朝に隷属していたことを物語る。日本の年号は一貫してシナの王朝と異なり、独自のものである。

◉天皇が大好きな韓国人

共和制を誇りに思っているアメリカ人でも、爵位とか貴族などにはあこがれがある。それを利用して、イギリスの貴族が貧乏すると、アメリカの大実業家から嫁をもらう。悪い言葉を使うと「金目当て」である。ちなみに、イギリスの首相チャーチルもアメリカ人の奥さんをもらっている。

アメリカ人の妻の財産がイギリス人の夫を助けた例として、第一次大戦のときのイギリス海軍の軍令部長ジョン・フィッシャー提督の逸話を紹介しよう。フィッシャー提督が若いころ艦長を務めていた船が座礁した。そういう場合、艦長の責任である。このとき、アメリカの大金持ちの娘だったお嫁さんが、「軍艦の修理代を出してあげるわ」といって賠償金をぽんと支払ったというのである。

アメリカ人がもつイギリスの貴族に対するあこがれは相当なものを感じるが、いわんや韓国、中国は、自分たちの歴史をひもとけば「皇帝」というものがたちまち出てくるだけに、「皇帝」にあこがれがある。とくに韓国は日本の一部だった時代もあるから、尊敬度が高い。朝鮮研究の専門家で、筑波大学教授の古田博司氏は著書『新しい神の国』（ちくま新書）で次のように書いている。

かつて、韓国大統領訪日の際の宮中晩餐に参内したことがあった。全斗煥大統領以来、韓国大統領の訪日の際には宮中晩餐会が営まれ、恒例で朝鮮研究者が二名ずつ呼ばれるのである。

この時は私の番だったのだが、よい機会だったので、大統領と令夫人、その随行者たちをずっと観察していた。この時の大統領は就任直後であったためか場なれせず、あまり落ち着きがなかった。令夫人は握手をすると緊張で震えているのがすぐに伝わった。そして随行者たちはどの顔も晴れがましさで一杯であった。

やがて豊明の間に入り、指定の席順に座る。正面の壁絵は日本画の美しい翠色が朝の狭霧のようにけぶって見えた。

何のスピーチもなく、音もなく皇族方が入り口から現れる。すると、われわれも自然と立ち上がり、お辞儀をする。皇族方がお座りになり、われわれも着席する。おのずと然るとはこのことであり、一切、態とらしさがなく、かくあってかくなるのである。起立、礼でもするかと思っていたので、真に意外であった。

天皇陛下がお言葉を述べられ、韓国の大統領が答辞を述べ、乾杯の後いよいよ晩餐となるのだが、筆者の隣の隣の席に当時の韓国大使がいた。外目にわかるほどの有頂天ぶりで、歓喜あまってドンペリをがぶ飲みし、かなりの酔い加減であった。間違いなく、天皇陛下にお会いして嬉しいのである。

大使のみならず、随行者たちもみなそうだと思うのだが、国に帰ってから、まず身内のものに宮中に行った自慢話をすることだろう。そして、それはおそらく彼らが引退し、家で多くの孫たちに囲まれる、幸せな晩年まで続くことになる。（中略）

中華文明圏の諸国には、真ん中に中華という核があり、ここに皇帝がいなければならない。その周りを北斗星のように諸国がめぐり、そこに諸々の王たちがいるはずである。そして王たちの周りを、多くの宗族が取り巻いているというイメージがある。

しかし現実には、今では皇帝も王もいない。いるのは日本の天皇陛下だけである。そこに彼らの引き裂かれた天皇観が横たわっており、宗族は天皇に引き寄せられる。ゆえに族史から見た天皇は、お会いしたい天皇陛下であり、召されれば彼らは晴れがましくも参内し、その思い出は宗族の思い出となるのである。

シナに関しては、日本人の僧から皇室が一系で続いているという話を聞いた宋の太宗が天皇を羨(うらや)ましがったと『宋史』列伝に載っていることを古田氏は紹介し、次のように記す。

現在の中国人が、そうなのかどうかはわからないが、少なくとも十世紀の中国の皇帝は、たしかにこのように天皇の『一姓伝継』をうらやましがったのである。唐末の安禄山の乱（七五六～七六三年）以降、天下は乱れ、五代十国では短命な王朝が次々と取って代わり、宋になってようやく統一がなされたのもつかの間、この雍熙元年の太宗の時代には、すでに北方異民族の遼が王朝開基して六代を数えていた。

宋代以後、シナの王朝は元、明、清と変わったが、日本は一系が続いている。すでに述べたように、少なくとも私たちが知っている文明国のなかで、日本は神話につながる王朝を有する唯一の国である。これが皇室の最大の特徴だと思う。

しかも、この神話から続く国がハイテク分野で世界最先端である。狭い島国であるにもかかわらず、経済的には実質的にＧＮＰでアメリカに次ぐ。中国が日本を超えたというけれど、リーマン・ショックを和らげるために、膨大な財政支出をした結果にすぎない。無駄遣いだろうがなんだろうが、すべてＧＮＰになるというだけの話であって、実質上はまだ日本が上だ。今度の震災で東北の復興に金を使い、八ッ場（やんば）ダムなどをつくりはじめたら、すぐＧＮＰは中国を超えるだろう。

それはさておき、神様が天皇の下にあること、姓とは天皇が主だった家来に与えるものだったから天皇家には姓がないことなども、皇室の特徴として挙げられよう。

そのような皇室をいただくことの価値に関して、強く印象に残っているのは、昭和四十九年（一九七四年）に現職のアメリカ大統領として初めて日本を公式訪問したフォード大統領の例である。当時、田中角栄首相がロッキード問題で騒がれはじめていた。そのさなかにアメリカの大統領が来る。日本の立場が弱くて、格の違いがあからさまに出るのではないかと案じた。

しかし、幸いわが国には首相の上に天皇がいらっしゃった。天皇陛下が催（もよお）された晩餐会で、フォード大統領は非常に緊張していたという。これは近くにいた人の証言である。日本の格が保たれたと思ったものだ。

総理大臣が汚職問題でゴタゴタしていて、大統領を迎えるにはふさわしくない状況にあったけれども、皇室がお迎えすれば、総理大臣のトラブルなど心配しなくていい。そこで「ミニスター」という言葉が生きてくる。ミニスターというのは「小臣」（しょうしん）という意味であって、天皇のほうが「マスター」、つまり「主人」なのである。

第2章

日本史のなかの皇室

◉「邪馬台国論争」は不毛なお遊び

大陸から日本にいろいろな文化が伝わったことは確かである。だからといって、日本の歴史を考える際に、シナの史料を鵜呑み(うの)にすることはできない。東洋史学者の岡田英弘(おかだひでひろ)氏は、シナの歴史に書いてあることは、いかなる意味でも信用できないという趣旨のことをお書きになっているが、私も「シナの記録で日本史を見てはならない」というのが基本的な姿勢である。

シナの歴史は滅んだ王朝のことを、次の王朝の人が書く。だから「前の王朝ができたときは良かったが、だんだん悪くなったので、いまの王朝ができた」というパターンが決まっている。このパターンに従って書くことが前提だから、事実は二の次である。

しかも、「倭人伝」などの周辺地域に関する部分は、シナの王朝と周辺の国々との朝貢関係を書く――はっきりいえば、いかに中華の王朝が偉いかを示す――という目的がある。そこでは外国からどれだけたくさんの来貢があったかがポイントとなる。朝貢に訪れたのが海賊であろうが何であろうがかまわない。周辺の蛮族が中華の王朝にひれ伏したことになっていればいい。

こんな史書の記述を鵜呑みにして、日本の歴史を考えること自体が間違いの元である。

四十年ほど前になるが、岡田氏のお話を聞いて感銘を受けたのは、『明史』に関するものだった。密接に関わった明治維新以後は別として、日本とシナが歴史上、一番近しい関係にあったのは明の時代である。豊臣秀吉が朝鮮に出て明と戦争をし、和平交渉を行なったからだ。この時期の日本を『明史』はどう記しているか。

「関白だったのは山城守の信長であって、ある日、猟に出たところが木の下に寝ているやつがある。びっくりして飛び起きたところをつかまえて問いただすと、自分は平秀吉といって、薩摩の国の下男だという。すばしっこくて口がうまいので、信長に気に入られて馬飼いになり、木下という名をつけてもらった」

「信長の参謀の阿奇支というのが落度があったので、信長は秀吉に命じて軍隊をひきいて攻めさせた。ところが突然、信長は家来の明智に殺された。秀吉はちょうど阿奇支を攻め滅ぼしたばかりだったが、変事を聞いて武将の行長らとともに、勝ったいきおいで軍隊をひきいて帰り、明智をほろぼした」

（岡田英弘著『日本史の誕生』ちくま文庫）

信長と秀吉の出会いは矢作川の橋の上で秀吉が蜂須賀小六（はちすかころく）と会ったことの変形のようだが、秀吉が薩摩の人間に仕えているとか、平という姓だとか、あるいは木下という名字が木の下にいたから付いたことを示唆するようなところは、元になった話がさっぱり分からない。また、「阿奇支」は毛利のことらしいが、明智光秀とだぶっている。

最も交渉が密だった時代に、この程度のでたらめな記録しか正史に載っていないとすれば、それより千年以上前の記録など何の頼りになるだろうか。歴史的にいかにシナが日本を知らなかったかが分かろうというものである。

江戸時代に福岡藩の志賀島で「漢委奴国王」（かんわなこくおう）の金印が見つ

かった。『後漢書』東夷伝にある「奴国が朝貢した」という記述と辻褄が合うことから、この金印こそ後漢の光武帝からもらったものだといわれてきた。これを信用できないという人もいるが、たとえ光武帝からもらったとする立場であっても、『後漢書』東夷伝の「奴国」が日本の朝廷であるという証拠は示せない。

たとえば、九州あたりの豪族が自分の儲けのために朝貢したということは大いにありうる。実際、時代が下って南北朝時代には、後醍醐天皇の皇子である懐良（かねよし）親王が九州へ行き、南朝こそ日本国を代表する王朝であると主張して当時のシナの王朝と交渉したことがあった。シナのほうでは、懐良親王を日本全体の王と捉えていたかもしれない。これと似たことが、後漢と「奴国」とのあいだであったとしてもおかしくない。

さらにいえば、邪馬台国も日本の朝廷と同一視できない。『魏志』倭人伝のころは、日本とシナのあいだに、国として正式な交渉があったわけがない。おそらく貿易のために行った者が与太話をしただろうし、朝鮮から噂話も入っただろう。そこに「日本には巫女というものがいて、政り事をしている」という話があったら、それを「正史のパターン」に従って適当に書いた可能性がある。「卑弥呼」という名にしても、「火の巫女」だったかもしれないし、たんなる「姫子」だったかもしれない。いずれにしても、『魏志』倭人伝に噂話以上の根拠はない。好意的に解釈しても、噂話で尾ひれが付いたと思われる部分を適当に整理した程度だろう。

そんなレベルの『魏志』倭人伝をもとにして邪馬台国を探すのは、高級かもしれないけれど、暇な時代の研究者のお遊びである。元来が信用できないことが証明済みの史料を使って史実を証明しようというのだから、「邪馬台国はどこにあるか」の追究は不毛な努力以外のなにものでもない。

◉神話と歴史がつながっている国

シナ人は日本のことを知る気がなかったし、事実、知ってもいなかった。したがって、シナの記録は信用できない。これに比して、日本で伝承されてきた神話は非常に重要だと私は考えている。なぜなら神話は「民族の記憶」だからである。

もちろん、神話イコール歴史だといいたいわけではない。現代の歴史でさえ、どれだけ正確かを検証すれば、まあまあのレベルに達しているのはほんとうの先進国だけだ。シナの現代史などはいい加減なものだし、朝鮮史に詳しい古田博司氏の話でも、朝鮮の現代史はまだ学問の対象となるレベルに達していないそうだ。東洋で信用できる歴史は、日本以外にないといってもいいと思う。

比較的事実が確認しやすい現代史でもその程度だから、昔の神話がそれほど信用できるはずがない。しかし、神話しかない時代があり、その神話を尊重して日本の国ができてきたのは事実だから、歴史を考えるときに神話を無視することはできないはずである。

神話に連なる歴史を有する国は、世界にほとんどない。現代のゲルマン人にとって神話は神話であり、ギリシア人にとっても神話は神話である。いずれも歴史と関係がない。司馬遷（しばせん）が『史記』を書いたときに神話・伝説の類をはずしたとされるように、シナ人にとっても神話と歴史は切れていて、神話から歴史がつながるという発想はなくなっている。したがって、シナの歴史を考える場合にも、神話を考慮する必要はない。

ちなみに、しばしば「中国、四千年の歴史」などといわれるけれども、この手の表現は、岡田英弘氏もいうように、明治以降に日本を見てシナ人がいいはじめたことだ。しかも、シナに連続した王朝はなく、民族も入れ変わっているから、おかしな表現である。ヨーロッパがてんでんバラバラで、時代、時代で文明を担(にな)った民族が異なるように、シナも一つではなかった。彼らが「中国文明四千年」とか「中国三千年の歴史」などというのは、たとえばロシア人やスイス人が「われらヨーロッパ文明六千年の歴史」というようなものである。フランス人やドイツ人がそれを聞いたら苦笑するに違いない。

近隣でいえば、韓国も、李氏朝鮮以前の歴史はお話にならない。だから、朝鮮半島の歴史に神話が何らかの影響を及ぼしたかどうか、分かりようがない。それなのに韓国で神話が持ち出されるのは、これも明治以後、日本に留学した人たちが「神武紀元二千何百年」といわれているのを見て、それが羨(うらや)ましく、「檀君(だんくん)即位四千年」と無理矢理つくりあげた結果である。その「檀君」とは何かというと、熊から生まれた子だ。北朝鮮では檀君の骨まで発見され、八尺ぐらいあるという。その程度のことだから、朝鮮半島の歴史についても神話を考慮する必要はない。

強いていえば、神話と歴史がつながっているのはユダヤ人である。ほんとうに七日間で宇宙ができたと思っているかどうかはともかく――つまり「創世記」は別として――、旧約聖書の後半部分はそのまま信用し、エジプトでの奴隷状態からモーゼが〝約束の地〟パレスチナに連れてきてくれたと信じている。

ユダヤ人にとって神話は神話でなく、歴史につながるものである。だからこそユダヤ教を必死になって守る。したがって「ユダヤ人、存続六千年」なら理解できるかもしれない。ただし、ユダヤ人は離散(りさん)以来、イスラエルの建国まで国家をもっていなかった。国の歴史として神話が重要だといえるのは日本しかないと私は思う。

◉「騎馬民族征服王朝説」はデタラメ

神話から日本の何が分かるか。まず国生みの神話は、日本が島国であることをはっきりと語っている。すでに述べたように、海をかき回し、しずくが垂れて島になったというくだりは、日本が島国だということを示す一例だが、『古事記』でも『日本書紀』でも日本を島国としていて、島の名前まで出てくる。そこには佐渡島（さどがしま）まで出ている。

神話の時代の人が、どうして日本が島国だと分かったのか。考えられることは、海を渡ってきた人たちだったから、ということである。島の名前があらわれるのも、船で海を移動していたためだろう。つまり、日本の神話をつくった人たちは海洋民族、もしくは海洋民族と手を結んだ民族だったことになる。

神話のなかでは、饒速日命（にぎはやひのみこと）が天磐船（あめのいわふね）に乗って河内に下り、神武天皇は船で瀬戸内海づたいに進んで浪速（なにわ）に上陸した。神武天皇の場合は敵が手強かったので、再び船に乗って紀州に回り、紀州から大和へ入ったとされる。

また、時代が下って第十一代垂仁天皇の時代に、

この神風（かむかぜ）の伊勢国は常世（とこよ）の浪の重浪（しきなみ）帰

（よ）する国なり。傍国（かたくに）の可怜（うま）し国なり。この国に居らむと欲（おも）ふ。

という神託を天照大神が倭姫命（やまとひめのみこと）に下され、伊勢神宮が建てられた（『日本書紀』）が、ここにも海からの視点が入っている。

三内丸山（さんないまるやま）遺跡などが発見されて分かったのは、日本列島を船でグルッと回る文明圏があったことだ。それが伝承としては、先祖の神様がこの国を島としておつくりになったという神話になっていると考えられる。

こうして見ると、そこに騎馬民族征服王朝説が入る余地はない。昭和四十二年（一九六七年）に『騎馬民族国家』（中公新書）を上梓した江上波夫（えがみなみお）氏は、大陸からやってきた騎馬民族を皇室の起源とする騎馬民族征服王朝説を唱えた。それは当時かなり評判になり、私も会員の末席に連なっていた日本文化会議で講演を聞いたことがあった。質疑応答の時間になって、私は尋ねた。

「騎馬民族が征服した王朝の子孫が天皇だということですが、古事記・日本書紀に、馬に乗った天皇の話が一つも出てこないのはどうしてでしょうか」

江上氏は私の質問に答えられなかった。

「出てこなかったかな。困ったな、困ったな、なかったかな……、困ったな」

そういって質疑応答は終わった。それ以後、江上氏は騎馬民族説をいわなくなった。しかし、それから何年も経って（一九九一年）、いきなり文化勲章をもらった。

いま思い返すと、一九七〇年前後は、中国で紅衛兵が荒れ狂い、日本の出版文化にあっては言論統制が最も厳しい時期だった。中国、部落、朝鮮の悪口は絶対にいえない。それどころか批判さえできなかった。とにかくあのころはみんなが卑屈だった。

京都大学はシナ学の世界的中心であり、学術雑誌の『支那学』が出ていたはずだが、支那文学を「中国文学」と改称した。「支那」という言葉がけしからんといわれたので、「中国」に置き換えたのだろう。

ここで許せないのは、シナ学者たちがシナを「中国」と呼んだことである。シナ文学のプロである彼らが「中国」といったら、「北狄、南蛮、西戎、東夷」に囲まれた「中心にある国」という意味であることは分かっていたはずだ。シナが

「中国」であるなら、日本は「東夷」となる。自らを卑下したに等しい。

この「中国」の意味について、私は漢文学者の加地伸行（かじのぶゆき）氏と『産経新聞』で何度か論争したことがある。日本の文書のなかに出てくる「中国」は日本のことを指すと指摘し、『日本書紀』の例、山鹿素行（やまがそこう）の『中朝事実（ちゅうちょうじじつ）』で「中朝」がシナでなくて日本を意味すること、それから一番新しい例として維新の志士の文章まで提示した。これは事実だから、そこで終わるはずだったが、彼は往生際が悪く、月に一度ぐらい出るタブロイド判の新聞に、全然関係ない私の個人攻撃を寄稿した。少なくとも当時は、日本人が書いた漢文を加地氏は知らなかったと思う。

私が英語学者なので漢文に無知だと見たのだろう。しかし、それは彼の大いなる間違いだった。私は大学で英文科にいたが、国漢（こっかん）（国語科）の教師免許状をとろうと思い、国漢の単位をすべて取った。だから、『古事記』や『源氏物語』の講義を耳で聞いただけの勉強ではなく、テキストの講義も受け、試験まで受けた。孟子は「朱子（しゅし）集註版」で学び、『書経』も読んだ。さらに「日本漢学史」の講義をとったので、ありがたいことに『日本書紀』を漢文で読む機会を得た。だから、日本が自分を指して「中国」という言葉を使っていたことを知っていた。

加地氏は京大で漢文を学んだ方だ。漢文は本職だが、日本の漢文のことは知らなかった。それならば、「日本ではそうですか。私は日本の漢文を読んだことはありませんでした」で終わればよかったのだが、英語学者にお株を奪われて悔しかったのだろう。あの人は少なくとも『論語』を教えてはいけない。論語には「過ち(あやま)を改むるにはばかることなかれ」とあるからだ。

◉七〇年代の本は警戒を要する

そのほかにも、おかしなことをいった学者としては、「山上憶良(やまのうえのおくら)は朝鮮半島からの渡来人だ」という趣旨の文章を書いた万葉学者、中西(なかにし)進(すすむ)氏がいる。この「珍説」は昭和四十年(一九六五年)、岩波書店の『文学』(第三三巻第一〇号)に載ったが、これは大間違いである。任那(みまな)という日本の植民地といってもいい地域を日本は有し、そこにいた日本人は百済(くだら)の兵隊と一緒に新羅(しらぎ)などと戦った。そして、唐・新羅の連合軍を相手にした白村江（はくすきのえ）の戦い（六六三年）で負けたときに、朝鮮半島から引き揚げてきた。「貧窮問答歌」で知られる山上憶良は、そのうちの一人である。

太平洋戦争の敗戦後、満洲から日本に引き揚げてきた日本人はもちろん満洲人ではない。同じく白村江の戦いのあと、朝鮮から引き揚げてきた日本人も朝鮮人ではない。したがって山上憶良は百済人ではない。ところが、くだんの万葉学者はそのあたりのことは何もいわない。

とにかく敗戦直後から一九七〇年代ころまでは、中国、韓国にこびる風潮が強かった。朝鮮総連に押しかけられれば、みんなまいってしまう。中国にいわれれば「は、はあー」とひれ伏すような感じだった。こういうことがどんどん忘れられているので、風化させない努力が必要だと思う。

いまでも忘れがたいのは、東京大学の歴史学の先生で、吉川弘文館の『国史大辞典』全一七巻をつくられた坂本太郎氏の言葉だ。ある出版社のパーティーで、坂本氏が私のところへつかつかと寄ってこられて、おっしゃった。

「君はいい。中国、韓国に卑屈でない。このごろはみんなダメだ」

もっとも、江上氏の騎馬民族征服王朝説で、どのぐらい朝鮮人、シナ人が喜んだか分からない。これを小沢一郎氏はまだ振り回しているが、向こうの国々から見たら江上氏は文化勲章にふさわしいということなのであろう。

文化勲章を決める人は時代によって違うだろうが、少なくとも中国人、韓国人、あるいはそこから手が回っている人が含まれているのではないだろうか。理科系の分野は分からないけれど、文科系はその傾向がかなり露骨に出ているように思う。

これは谷沢永一(たにざわえいいち)氏の追悼文にも書いたことだが、中国政治を専門とする政治学者・石川忠雄(いしかわただお)氏が文化勲章をもらった。しかし、石川氏には学問の分野でこれという業績がないという。谷沢氏の言葉によると、「強いて探せば文化大革命を讃(たた)えたようなものがある」という程度だ。あとで分かったことは、石川氏は田中角栄が中国に行ったときの橋渡し役を務めた。それが文化に関係あったかどうか定(さだ)かでないが、学者として文化勲章をもらったものではないことは確かだ。

先日、元川崎製鉄社長でNHKの経営委員長になった數土文夫(すどふみお)氏とウシオ電機会長の牛尾治朗(うしおじろう)氏と三人で会食をしたとき、數土氏が「どうして大江健三郎にノーベル賞が行ったのでしょう」と不思議がり、牛尾氏も「分からない」とおっしゃった。しかし、私にはそれは分かるような気がする。ノーベル賞委員会が大江氏の書いた日本語の小説を読めるわけがない。文学賞は南米から出たりインドから出たりと、だいたい各文化圏を順回りしているから、当然、日本の文学を推薦する人がいたはずだ。それが左翼だったということである。

大江氏は「日本の青年が自衛隊に入るのは恥だ」とか、「北朝鮮の青年は希望にみちていた」などと感激して、いまから見れば的外れなことをエッセーに書いたが、江上氏や大江氏に限らず、七〇年代の本は警戒を要する。

たとえば岩波新書の青色版で韓国経済のことを書いた隅谷三喜男氏の著書があって、北朝鮮がこれから栄え、韓国は没落すると書いていた。その著者は女子大の学長をやった人である。その後、韓国は経済的奇跡を実現し、北朝鮮は最貧国に落ちた。そのいわんとしたことは一〇〇%間違っていたわけだ。

岩波新書のカバーは戦前が赤版で、戦後は青版、黄版と変わってきたが、戦後はいま読めばクズみたいな本を次々と出版してきた。交通信号ではないのだろうが、青が怪しくなったら黄になり、黄が怪しくなったので、また赤になるのが面白い。今度こそ赤でストップというところだろうか。戦前の赤版は良書ぞろいだったのだが。

◉なぜ道長は天皇にならなかったか

話を本題に戻そう。他の国と違って、神話から王朝につながっている日本は、歴史を考えるうえで神話を無視できない。もちろん、神話のすべてを事実として扱うことは妥当でないけれども、神話がその後の歴史の時代と結びついて影響を及ぼしている以上、歴史時代の事件を解釈する際に神話を抜きにして説明できないことがある。

東大で国史の教授だった萩野由之(はぎのよしゆき)氏が明治時代に行なった講義をまとめた『日本史講話』という本がある。大正九年(一九二〇年)に出版され、一〇一八ページにも及ぶ大著だ。その第一章は一八ページで、神話について述べている。萩野氏はべつに神話を信じていたのではない。いろいろに解釈できることを十分認めたうえで、一応こうなっていると示してから歴史時代に続けたのである。

神話を視野に入れておくと、日本の歴史にあって特徴的なことでありながら、他の国の人には分かりにくいことがよく分かる。たとえば、「なぜ、藤原氏は自分が天皇にならなかったのか」という点である。このことに関して、きちんとした説明を私は日本史の学者から聞いたことがない。

藤原氏の権力が絶頂期を迎えたとされる藤原道長（ふじわらのみちなが）を例にとろう。長女の彰子（あきこ）を第六十六代の一条天皇に嫁（とつ）がせて、第六十八代の後一条天皇と第六十九代の後朱雀天皇が生まれた。さらに、後朱雀天皇には嬉子（よしこ）を嫁がせて第七十代の後冷泉天皇が生まれた。この他に妍子（きよこ）を第六十七代の三条天皇に嫁がせているが、後一条天皇と後朱雀天皇は孫、後冷泉天皇は曾孫と、三代にわたって娘の子が皇位を得て、道長は権力を振るったわけだ**（図3参照）**。

こんなことをするぐらいなら、自分が天皇になったほうが簡単だと思われる。

道長は、

この世をば　わが世とぞ思ふ　望月（もちづき）の　欠けたることも　なしと思へば

という歌を詠んだ。しかし、「欠けたることがなしと思う」のは、ほんとうは自分が天皇になったときではないのか。他の国ならば、道長ほどの権力者ならば皇位を奪ってもおかしくないのだ。

しかし、藤原氏は天皇にならなかった。なぜか。私はドイツへ行って「アガメムノンのレトリック」を思いついたことで、一つの洞察を得た。

藤原氏の先祖は、春日大社の祭神となっている天児屋命（あめのこやねのみこと）である。天児屋命は、神話のどういう場面で出てくるか。

たとえば、天岩戸（あめのいわと）の話に登場する。素戔嗚尊の乱暴に怒った天照大神が天岩戸に籠もってしまったとき、天照大神に出てきてもらうため、神々がいろいろなことをやったが、そのなかで祝詞をあげた神様が天児屋命だった。

そして、天照大神の孫の瓊瓊杵尊（ににぎのみこと）が天孫降臨なさるときにも随従した。皇室の祖神に仕えた神様の子孫が中臣（なかとみ）氏となり、新たに姓を賜わって藤原氏となった。歴史時代に朝廷で重臣の地位を得たのは、天児

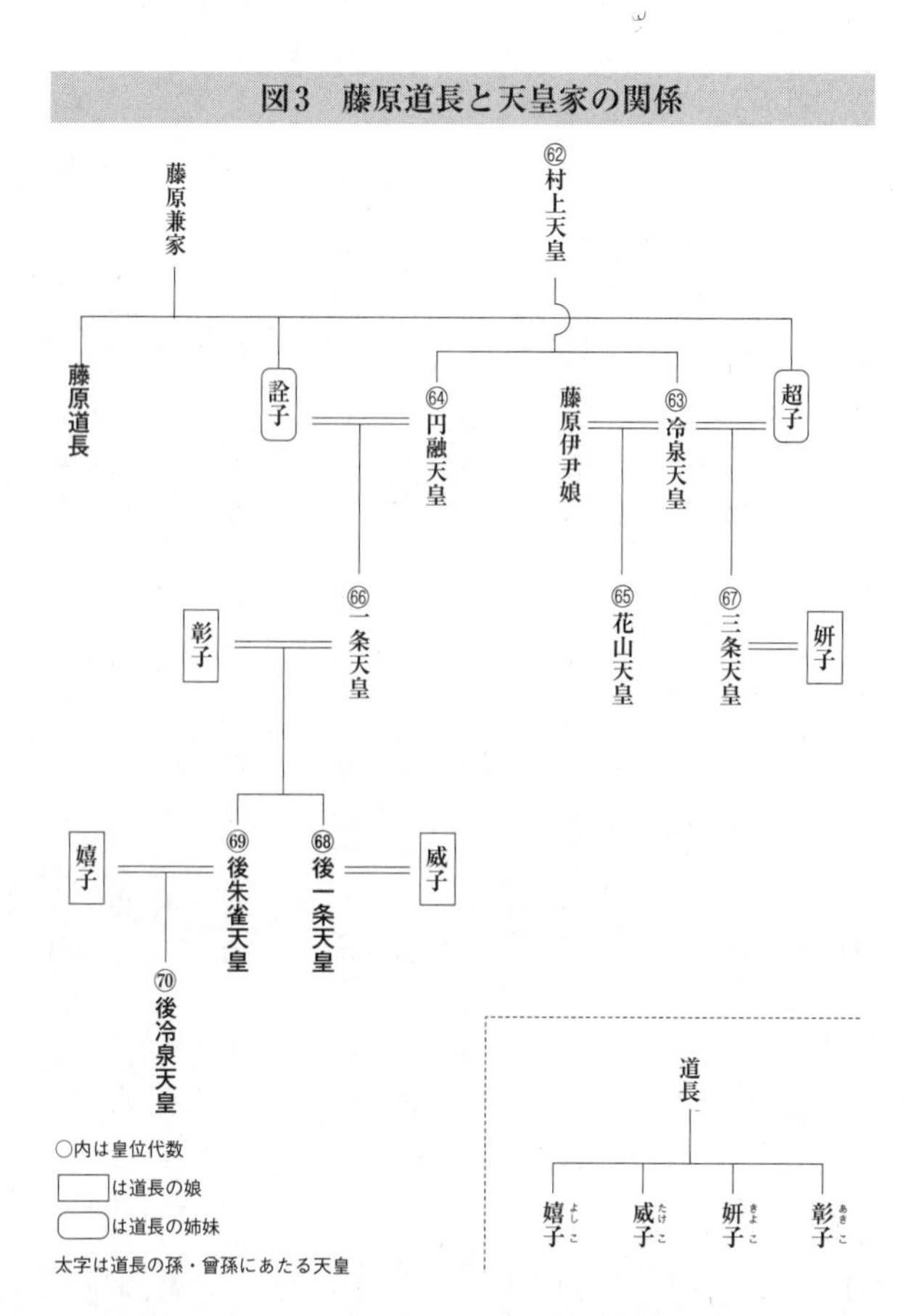

図3　藤原道長と天皇家の関係

屋命の子孫だからだ。藤原氏の地位は、そういう地位なのである。

つまり、神代の時代に、皇室に仕えるという身分が決まっていた。それは他の貴族も知っている。だから、自分は天皇になれない。せいぜい天皇に自分の娘を嫁がせ、その子供の祖父になる。それを極端なまでにうまくやれたのが道長だったという話だ。

ちなみに、藤原氏の権力が絶大になった出発点は、大化の改新のクー・デタで中大兄皇子（なかのおおえのおうじ、のちの天智天皇）を助けた藤原鎌足（ふじわらのかまたり）だが、その息子の不比等（ふひと）がじつに偉かった。不比等は二度目の妻に橘三千代（たちばなのみちよ）という女性をもらった。橘三千代は頭がよくて有能な女性であり、宮廷に発言力があった。それと組んで自分の娘である宮子（みやこ）を文武天皇に嫁がせる。そして、娘から生まれた聖武天皇に、自分と三千代のあいだに生まれた娘である光明子（こうみょうし）、いわゆる光明皇后を嫁がせた。これが歴史上、皇族出身ではない最初の皇后である。

光明皇后はきわめて立派な人だった。いろいろな話が伝説として残っているが、有名なのは、癩病院を建て、癩病患者の癩を吸ってやると、その人が仏様の姿に変わったという話だ。当時としては珍しく、一番悲惨な人たちに目を向けた皇后であり、この伝統はいまの皇室まで続いている。

もう一つ、光明皇后に関して強調しておきたいことがある。それは夫の聖武天皇が亡くなったとき、遺品を正倉院(しょうそういん)にそっくり残してくれたことである。この正倉院こそ、世界最古の博物館といっても過言ではない。正倉院以前に博物館と呼べるものがあったかもしれないが、みんな消えてしまっている。また、いまの博物館に古いものが収蔵されているといっても、だいたいが発掘されたものである。日本の正倉院だけは、保管されてきた遺物であり、だから光明皇后が書いた紙まできちんと残っている。これはたいへんに貴重である。

◉源頼朝のつつしみ

藤原氏の全盛が過ぎ、院政、平家の時代と続くが、これを覆(くつがえ)したのが源頼朝（みなもとのよりとも）である。頼朝は平家を滅ぼしただけでなく、東北地方を攻めて奥州藤原氏も滅ぼした。そして、九州の隅から東北の隅まで、津々浦々、御(ご)

家人を配置した。鹿児島の島津家、中国の毛利家は頼朝の御家人だった人の家だ。要するに、頼朝は武力で完全に日本を征服した最初の人間だった。

ふつうの国なら、武力で国を征服した人が王様となる。ところが、頼朝はならなかった。なぜかというと、やはり系図なのである。

清和天皇から出て、その曾孫の多田満仲（ただみつなか）から摂津源氏、河内源氏などが分かれた。摂津源氏のほうは大江山の鬼退治で知られる源頼光から鵺退治で知られる源三位頼政への流れ、河内源氏のほうは八幡太郎義家から頼朝へと至る流れだ（**図4参照**）。

当時の武家は系図を重んじた。皇室は源氏の本家である。本家がいくら落ちぶれても、分家が取って代わるわけにはいかない。分家はいっぱいあって、一つの分家が本家を乗っ取ったら他の分家が許さない。それだけのつつしみが頼朝にはあった。

朝廷と違う政府を勝手につくり、守護・地頭をすべて自分が決めた頼朝だが、そのくせ皇室のやることにいっさい口を出さないという方針をとった。「こちらはこちらでやります。ご本家はご本家で静かにしていてください」というような

図4　源氏の系図

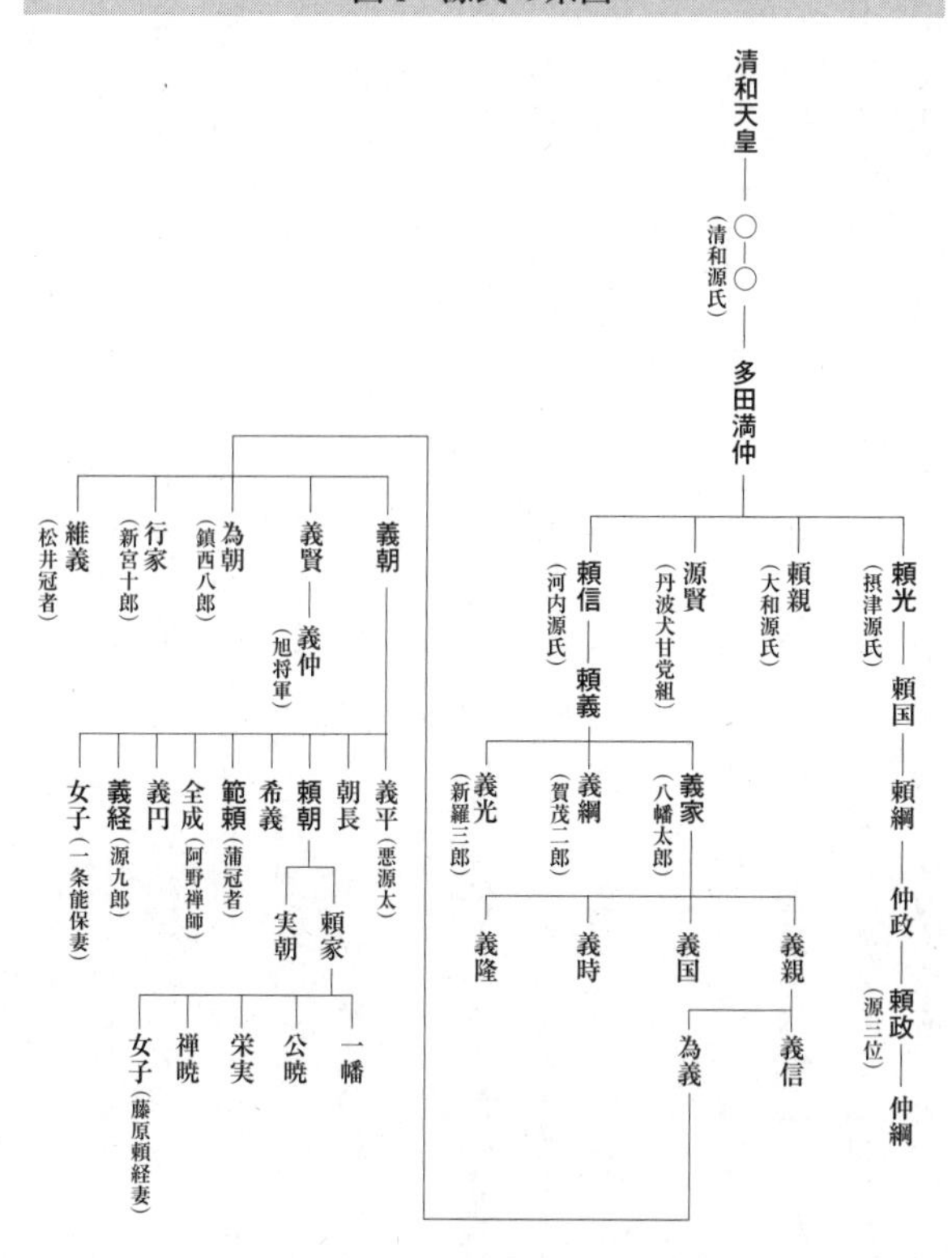

清和天皇
（清和源氏）
多田満仲
頼光（摂津源氏）
頼国
頼綱
仲政
頼政（源三位）
仲綱
頼親（大和源氏）
源賢（丹波犬甘党組）
頼信（河内源氏）
頼義
義家（八幡太郎）
義綱（賀茂二郎）
義光（新羅三郎）
義親
義国
義時
義隆
義信
為義
義朝
義賢
為朝（鎮西八郎）
行家（新宮十郎）
維義（松井冠者）
義仲（旭将軍）
義平（悪源太）
朝長
頼朝
希義
範頼（蒲冠者）
全成（阿野禅師）
義円
義経（源九郎）
女子（一条能保妻）
頼家
実朝
一幡
公暁
栄実
禅暁
女子（藤原頼経妻）

感じである。

ただ、自分の許可を得ないで、ご本家から位をもらってはいけないと、頼朝は家来に命じた。平家討伐で手柄を立てた御家人たちが鎌倉に戻ってくるときには、「もし、位をもらった者がいたら朝廷に返せ。お前たちは俺の家来だ」という立場を鮮明に示している。幕府政所（まんどころ）の初代別当（べっとう）になった大江広元（おおえのひろもと）が朝廷から授かった官位を返上したのは、そういう頼朝の意思に沿ったためだろう。

しかし、弟の源義経はそれを無視した。彼は検非違使（けびいし）という京都の守護職のような職についた。従五位下という相応の位に叙（じょ）され、伊予守（いよのかみ）になったりした。これが頼朝の気に入らなかった。兄弟の不和で一番大きな原因はこのことだと思われる。

それでも、頼朝は皇室のなさることに口を挟（はさ）まなかったし、自分が偉くなろうともしなかった。皇室のほうがむしろ遠慮して右近衛大将を贈ったりしたけれども、すぐに返上している。頼朝が京都に留まって政治に携わることはなかった。

八幡太郎義家の直系である頼朝は、武家の本尊（ほんぞん）のような存在である。その頼朝が天皇にならないのに、その後の武士が天皇になるわけにはいかない。まして系図を買って源氏の系統であると嘘をついた徳川家康にできるはずがない。家康は吉良（きら）家から系図を買って、源氏を名乗った。それまでは系図が分かるような立派な家系ではなかった。

豊臣秀吉も同様である。秀吉は、大名に自分のいうことを聞かせるには権威が足りないことが分かっていた。そこで、天皇の名前を使おうと考えた。秀吉は朝廷の最高権力者である関白になり、天皇に忠誠を誓わせることで、その一の家来である自分の支配力を正当化した。したがって、自分が天皇になろうなどと、爪（つめ）の垢（あか）ほども思わない。

その秀吉に比べると、江戸時代の徳川政権にとって、京都の朝廷などは「うるさい」「邪魔もの」ぐらいにしか感じなかっただろう。だから、皇室と公家を取り締まる「禁中 並（ならびに）公家諸法度」という規則までつくった。また、第二代将軍秀忠（ひでただ）は娘の和子を第百八代後水尾天皇に嫁がせて天皇の舅（しゅうと）となり、生まれた女子が第百九代明正天皇として即位した。だが、前例がないほど強力な武家政権の徳川幕府でも、できることはギリギリそこまでだった。徳川家が皇室に取って代わることはなかった。

「神話までさかのぼることのできる皇室」という考え方が前提にないと、国内で最も強い軍事力をもつ者が王にならないという「変な話」は説明できない。

◉仏教を信じた最初の天皇

歴史上、神話にならわずに皇位を狙った人もいた。古代において有名な事件は二つある。

その第一は、蘇我（そが）氏の勢力がきわめて強くなったときだ。蘇我氏は神功皇后（じんぐうこうごう）の三韓征伐に従軍した武内宿禰（たけうちのすくね）の子孫という名門である。そのくらいだから、朝鮮半島と関係が深かったのではなかろうかと思うが、蘇我氏は、朝鮮半島の文明、すなわち大陸の文明に触れる機会が多く、仏教輸入の中心になった。この仏教が皇位継承にからんでくる。

日本への仏教伝来は、第二十九代欽明天皇の十三年（五五二年）だった。しかし、欽明天皇は「なかなかいいな」とはおっしゃったけれど、仏教を信じるまではいかなかった。物部（もののべ）氏、中臣氏など、反対する重臣もいた。そこで、欽明天皇は蘇我稲目（そがのいなめ）に「試しに敬（うやま）ってみよ」と命じられた。

欽明天皇の后（きさき）のうちで蘇我氏出身でない女性の腹から生まれた皇子が第三十代として即位された。これが敏達天皇だが、その後は蘇我稲目の娘二人とのあいだに生まれた御子たちが、第三十一代用明天皇、第三十二代崇峻天皇、第三十三代推古天皇と、続いて皇位についた。

蘇我氏ではない母をもつ敏達天皇は仏教を好きではなかった。しかし、蘇我稲目の娘である堅塩媛（きたしひめ）と欽明天皇とのあいだに生まれた用明天皇は、蘇我氏の母が仏教に熱心だったこともあって、仏教を勉強した。もちろん、これは神道（しんとう）を捨てたという意味ではない。『日本書紀』の記事は「神道を信じ、仏教を尊敬する」という言い方をしている。その用明天皇の皇子に生まれた聖徳太子は、仏教の普及に力があった。つまり、皇室に仏教が入ったのは用明天皇からといっていい。

ここで非常に面白い問題がある。用明天皇が歴代天皇のなかで最初に仏教を尊んだことは、ふつうの国ならば歴史年表にゴシック文字で書かれなければならないほどの大事件である。たとえば、ローマ帝国のコンスタンティヌス帝が「ミラノ勅令」でキリスト教を許可した三一三年は、西洋史の年表ではゴシック文字になっている。ところが、用明天皇が仏教を尊ばれたことは、日本史の年表でゴシック文字になっていない。そればかりか「日本で仏教を信じた最初の天皇はどなたですか」と尋ねても、多くの日本人は知らない。知っている人は例外というべきだろう。

要するに、皇室が仏教を信仰しはじめたことは、それほど重要視されていないのである。この「重要ではない」ということが、日本人と皇室の関係を考えるうえで非常に重要である。

なぜそうなのか。天皇が仏教を信じたといっても、それは神道に影響しない。だから、問題にならないのだ。もし用明天皇が仏教を信じて神道をやめるといったり、その後、聖徳太子が神道をやめたといったら大問題になったはずである。しかし、両方あってもおかしくないという考え方で、仏教が皇室に入った。だから年表でゴシック文字にならないのだ。

聖徳太子は文武百官を連れてお寺に行った三日後ぐらいに、神社にも同じ形で行っておられる。逆に考えると、「神道を捨てずに仏教を導入する」ということを守らなければ、皇室はもたなかったと思う。

◉「本地垂迹説」という新機軸

ところで、日本に入った仏教にはどんな性質があっただろうか。

仏教は二つの面から見て、神道と異質だと私は思う。一つは「国家鎮護（ちんご）」の力があると考えられたことだ。あくまでも「ある意味では」という限定つきではあるが、それは明治のころに皇室が西洋の科学技術やシステムを取り入れたことに通じるだろう。

疫病をなくすという点は、後世でいえばドイツの衛生学が入ったような感じである。外敵から国を守るという点は、ドイツの参謀本部のシステムを入れたようなことである。理屈からいえば、自然科学と神道は相容れない。しかし、そのあたりのことは気にせず自然科学などが明治の近代化に役立ったように、仏教は国家鎮護のために必要とされたのである。

もう一つの特徴は、仏教が学問として入ったことだ。仏教には非常に高い論理性があった。その意味でたしかに学問であり、勉強の対象となる。神道は祖先崇拝だから、小難しいことはいわない。先祖を拝み奉ればいいだけのものだ。

こういう異質の宗教を、用明天皇は並存させ、その後の天皇もみんな神道と仏教をともに敬っている。明治天皇が神道を信じながら西洋の科学を取り入れたのと同じで、神道はそのまま続き、新しく仏教が入った。突飛な並べ方だけれども、位置としてはそうなると思う。

そして、しばらくすると、ここに重要なこじつけが始まった。「本地垂迹（ほんじすいじゃく）説」といわれるもので、元来は仏教の考えである。仏という抽象的なものがあり、仏の道というのは仏の「本地」。それが「垂迹」して人間の形を取ったのが釈迦だと考える。つまり、釈迦は仏の道というものを具現した人間ということになる。

日本人は頭が良くて、これを広く考えた。仏の道がインドで垂迹したら釈迦、あるいは大日如来だけれども、日本なら天照大神だと捉えた。他にも、インドではなんとか菩薩がいるけれど、こちらでは八幡様というふうに、仏様と日本の神様を勝手に「同じだ」と解釈したのである。

大日如来はお日さまを象徴するから、天照大神と結びつきやすかったこともあるが、大日如来と天照大神を結びつけたことは大きな意味があった。大日如来とは盧舎那仏（るしゃなぶつ）のことであり、日本で代表的な盧舎那仏の仏像は奈良東大寺の大仏だ。第四十五代聖武天皇が奈良の大仏を建てるとき、日本に垂迹した天照大神を軽んじる気はないというので、天照大神を祀（まつ）る伊勢神宮の許可をとりに二度も行っている。これは皇室が神道と仏教を両立させようとしたことを象徴する行為といえよう。

◉新井白石の合理精神

後世においては、江戸時代の宝永五年（一七〇八年）、禁を犯して日本に潜入した宣教師のシドッチを新井白石（あらいはくせき）が尋問したときに、本地垂迹説の発想が現れている。

シドッチはイエズス会の宣教師である。イエズス会士はものすごく学問をする。上智大学の神父さんみたいなものだ。イエズス会の宣教師に対して、だいたい大学の先生に教える資格があるぐらいの教育は授（さず）ける。「反・宗教改革」が一挙にひろまったのは、イエズス会の教育が良かったからだといわれるぐらいである。

そのシドッチが日本に来たとき、彼は当時の西洋の学問の最高峰に通じていた。上は天文学から下は地理まで、知らざることがない。だから新井白石は感嘆した。ところが、話が宗教のことに及ぶと、白石は「こんなバカがいるか」というような感想をもった。

キリスト教では「洗礼を受けなければ助からない」というようなことをシドッチは話した。今日では「宗教が違えば地獄に落ちる」などと誰もいわないが、キリスト教では「洗礼を受けなければ死ぬと地獄に行く」と昔は平気でいったものだ。これに対して白石は、「それほど偉い神様が、なぜいまごろ日本に来たのか」と尋ねた。偉くて公平な神様が何千年も日本を放ったらかしておいて、いまごろ来るのはおかしいではないか、と。

白石は、当時の日本において指折りの知識人であり、儒者である。儒教は仏教も迷信と見るほど啓蒙力のある学問であり、バイブルの話など「本地垂迹説」を採用してきた仏教と比べてもさらに浅薄で幼稚なたわごとであると考えたのも無理はない。シドッチとの四度の対話を終えて白石は、幕府がキリスト教を禁止したことは「過防（かぼう）」ではないと結論している。

じつは白石のキリスト教批判は、啓蒙時代を経たヨーロッパでも珍しいものではない。そもそもカトリックで「玄義（げんぎ）」（ミステリイズ）といわれるものは理屈を超越したものであり、アウグスティヌスがいうように「荒唐無稽なるがゆえに私は信じる」という「信仰」が入らないとお話にならないのである。仏教と神道の両立に一千年以上も耐えてきた日本の知識人が、キリスト教の信仰を科学技術と切り離して、幼稚と見たのも無理からぬことだった。

◉世界が「本地垂迹説」にならう日

古代の日本では、仏教という「国境を越える宗教」と、神道という「土着の宗教」が両立した。一方、ヨーロッパでは両立しなかった。キリスト教が入ったところは、ゲルマンの土着の宗教はなくなった。イスラムが入ったところも土着の宗教はなくなった。国境を越える宗教が土着の宗教を呑み尽くし、土着の宗教は迷信のかたちでかすかに残っただけである。

では、土着の宗教が残るようなことをやってきた日本人のレベルが低いかといえば、そんなことはない。じつは「本地垂迹説」的な考え方はきわめて先進的だといえる。二十世紀の中ごろになると、比較宗教学の学者には「これしかない」とまでいう人も出てきた。

ある神様を信じなければ地獄に落ちるとすれば、その神様は不公平である。不公平ということは、それ自体が神聖の概念と合致しない。結局、「神聖なるもの」があるとすれば、あらゆる民族に、あらゆる時代に現れていなければいけない。ただ、それを受け取る側の文化水準が違う。非常に迷信的な土地もあるかもしれないし、合理的に受け取る土地もある。それが信仰の形の違いになる。

こういった具合で、比較宗教学の捉え方は、日本の「本地垂迹説」のようになってきている。

さらに、ごく最近の意見だが、宗教が違ってもかまわないという説も出てきた。キリスト教では、「イエス・キリストを殺したユダヤ人は救われない」とされてきた。ローマのピラトという裁判官は、イエスを殺したくなくて努力するが、ユダヤ人が「殺せ」というので、しぶしぶ殺すことにした。だから、キリストの血を浴びたユダヤ人は呪われていて救われないと、キリスト教で信じられてきた。だが、ローマ教皇ベネディクト十六世は、それが間違いであったという謝罪的な発言をしている。これは宗教が違ってもかまわないということである。

また、二〇一一年四月ごろにアメリカの新聞に出ていたことだが、「いろいろな宗教がみんなを救済したら、キリスト教の地獄は空(から)になるはずだ」という人もいるようだ。それは一つの宗教だけが頑張るのは、時代に合わなくなったという認識である。

「本地垂迹説」はきわめて現代的な解釈でもあり、現在の世界は、宗教にはそれぞれの価値があるというような考えのほうへ向かっている。「神聖なるものがあったとするならば、いろいろな形で、いろいろな現れ方をした」という千何百年前に日本人が発明した考え方が一番いいという流れになっているわけだ。こうして、「土着の宗教」を殺さずに「国境を越える宗教」を盛んにしたのが日本の特色である。

これも分かりやすいから韓国を例にとれば、韓国も元来は神道だったはずだ。少なくとも百済はそうだったといえる。なぜなら、白村江の戦いで唐と新羅の連合軍に敗れ、百済から日本に逃げてきた人たちが日本の神社を祀ったりしているからだ。たとえば、鬼室（きしつ）という一族は天智天皇から近江に領地を与えられ、鬼室集斯（きしつしゅうし）という名の人が鬼室神社を建てた。これはいまも残っている。

ところが、仏教が入ってくると、韓国は仏教一辺倒の国になり、土俗の宗教が姿を消していく。高麗（こうらい）文化は仏教文化だった。そして李氏朝鮮になると、今度は儒教国になって仏教がほとんど消える。

韓国に行ったときに、李朝の王族、両班（ヤンパン）（両班と官僚はだいたい重なる）に仏教徒がいるかと尋ねたら、「一人もいるわけがない」という答えが返ってきた。そのように断言する理由は、仏教は田舎の無学な老婆（ろうば）が信仰するようなものだからだという。

ほんとうかと思って、ソウルの古本屋で参考になる本を探した。総督府があった時代の日本語の本が出てきて面白かったが、たいていの韓国人には読めないから、何が書いてあるか分からない。ある古本屋で、日韓併合時代に日本を訪れた朝鮮の旅行者の話を見つけた。これは視察旅行だった。その人が書いたことを簡単に紹介すると、

「日本は進んでいる国だと思って来てみたら、京都へ行って驚いた。大都市が仏教の寺だらけだった。こんなことがあろうはずがない」

李氏朝鮮時代、仏教というのはほんとうに無学者の象徴だったのである。

もう一つ、韓国の例を挙げておこう。有名な寺の奥に大仏があると聞いて見に行った。それは山の斜面を削ってつくった石の像、つまり磨崖仏（まがいぶつ）だったが、山崩れで隠れて分からなくなっていたもので、日本統治下のころに嵐でまた山崩れを起こしたおかげで、表に出てきたのだという。何百年間、そこに大仏があることを忘れるぐらい、韓国では仏教は隅（すみ）に追いやられていたということである。

ところが、現在はまた少し流れが変わってきている。韓国で古い文化を探すと、仏教文化のほうが李朝の文化より古い。そこで仏教も自慢しなければいけないということで、仏教大学をつくったりしている。熊から生まれた子供だって自

慢するのだから、それよりはましだが、長いあいだ仏教徒はあの国で無意味な存在になっていたことに変わりはない。ときどき文化遺跡で壊されなかった仏教寺院があり、そこには古いお経が残っていたりするけれども、それは死んだ文化なのだ。いまの韓国は国民の半分近くがキリスト教徒で、仏教徒はまだパーセンテージにも入らないぐらいといわれる。

第3章

皇統はなぜ保たれたのか

◉仏教がもたらした皇統の危機

日本が世界に先駆けて仏教と神道の両立を実現したとはいっても、古代における皇室の危機はじつは仏教と関係がある。

仏教が入ったころ、仏教導入に熱心だった蘇我氏と神道系の物部氏、中臣氏とのあいだで摩擦が生じた。蘇我氏は武内宿禰を祖先としていて、朝鮮人というわけではないけれども、朝鮮半島との関係が強かった。物部氏と中臣氏は、天孫降臨の前から皇室の祖先神に仕えた神々の子孫とされる。

しかし、仏教を支持する蘇我氏の力がどんどん伸び、第三十一代用明天皇、第三十二代崇峻天皇、第三十三代推古天皇と、稲目の外孫にあたる方々が次々と天皇になる時代に入る **（図5参照）**。蘇我氏の系統の天皇であっても、蘇我氏を遠ざけた崇峻天皇は殺されてしまうほど、その影響力が強くなった。

稲目の孫である蝦夷（えみし）とその子の入鹿（いるか）の代には、天皇の地位を侵すような振る舞いが強まり、蘇我氏の催（もよお）すあらゆる儀式が天皇に近い感じ

図5　蘇我氏と第28～40代天皇系図

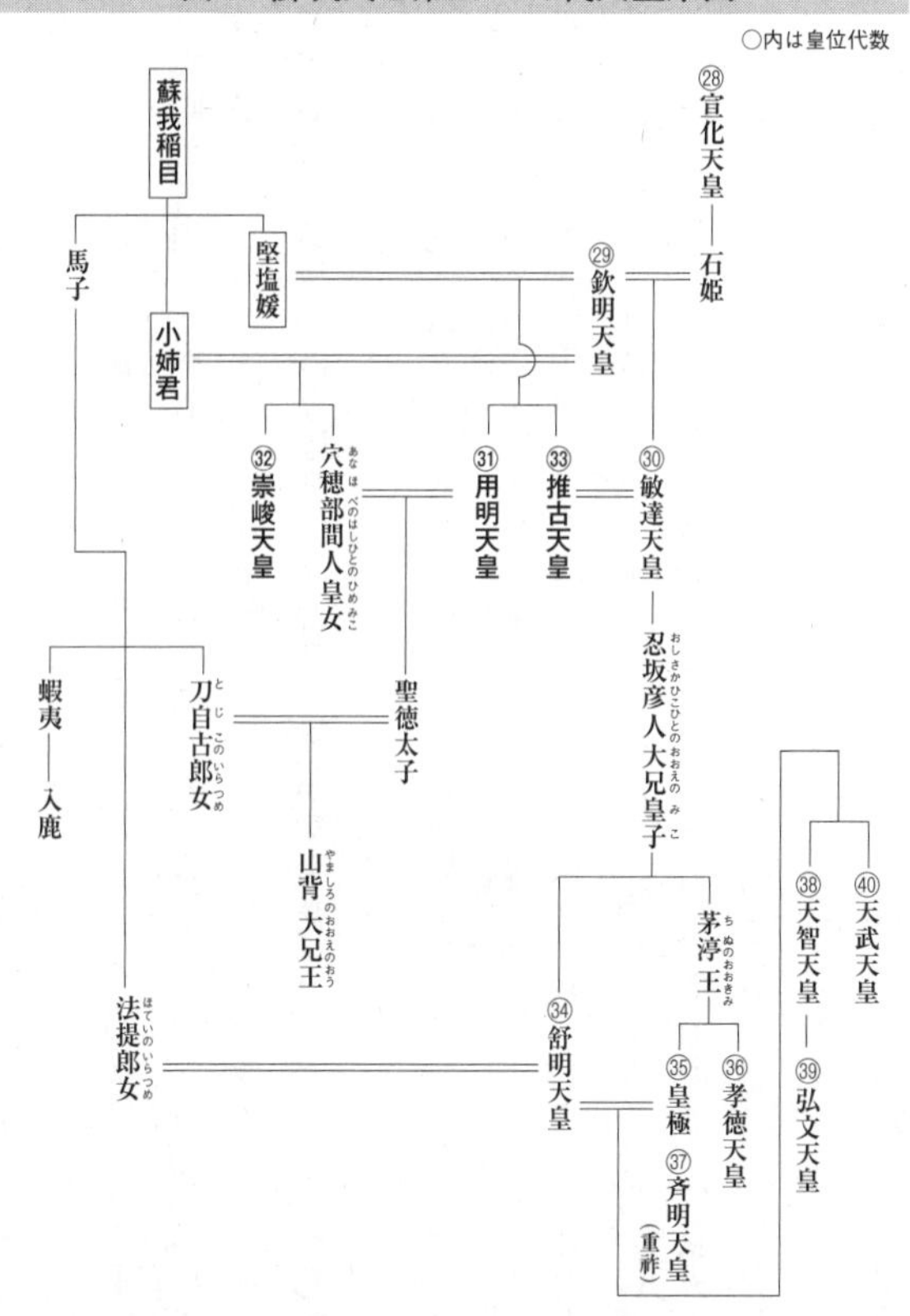

になってきた。仏教を重んじるから、おそらく神道を軽んじていたのではないかと思われる。

仏教はのちにテイム（馴致）されるけれども、伝来した当初はやはり毒気があった。当時の神道に比べれば、仏教は宗教として強力なのだ。神道は「明き、まことの心がけ」であって、あまり小難しいことをいわない。要するに敬神崇祖がすべてである。仏教のほうは哲学があり、物語があり、論理があり、そしてお経が山ほどある。

お経のうちで釈迦とほんとうに関係のあるものはいくつあるか、じつは分からないという。私の中学・高校時代の恩師である佐藤順太先生は、「寺に行けば経堂があるくらいだから、仏教の経典はとにかく膨大だ」とおっしゃったことがあった。それに比べてキリスト教は簡単で、旧約聖書はあってもなくてもいいといったら言い過ぎかもしれないが、新約聖書だけなら手帳程度の大きさに収まる。さらにそのなかのキリストの言葉だけとなると「これだけか」というほど少なくなる。一方、仏教のお経はいつの間にか膨大になってどうしようもない。

このような国境を越える宗教を擁する蘇我氏の力が皇室よりも強くなり、第三十七代斉明天皇のとき、皇室存続の危機が生じた。これが権力を握った者が皇室を侵そうとした第一回目の試みだった。だが、これは中大兄皇子（なかのおおえのおうじ）と中臣鎌足（なかとみのかまたり）が大化の改新のクー・デタを実行し、蘇我氏を滅ぼしたことで救われた。

◉危機は女帝のときに起こる

二度目は、第四十八代称徳天皇が僧侶の弓削道鏡（ゆげのどうきょう）を信用しすぎたときである。聖武天皇の娘である称徳天皇はさきに第四十六代孝謙天皇として即位し、第四十七代淳仁天皇ののちに再び即位して称徳天皇になったが、淳仁天皇に譲位して上皇となった時期に道鏡の祈禱を受けて病気が平癒（へいゆ）したことで信頼を深めたという。称徳天皇は仏教に熱心だったこともあり、天皇の位を道鏡に譲ろうという気になり、道鏡も法王としてこれを受けようという気になった。それを止めたのが和気清麻呂（わけのきよまろ）である。戦前は非常に尊敬され、一〇円札の肖像画になっていた。

道鏡への皇位譲渡が是か非かを宇佐八幡宮の神託で決することになり、使者として派遣されたのが和気清麻呂だった。「うまく答えれば出世させる」と道鏡はいったらしいが、和気清麻呂は宇佐八幡宮の神託のとおり、天皇の子孫でなければ皇位につくべきでないと答えた。神託がそうであれば皇位を譲るわけにいかない。二度目の危機もそこで終わった。

和気清麻呂はそのために大隅国に流された。「流される」というのは途中で殺すという意味だ。旅のあいだに殺してしまえば、病気だったとか何とか理由はつけられる。それが分かっている和気清麻呂はとぼとぼと九州に向かった。そして、何者かに殺されかけたとき、三〇〇匹の猪が現れて助かったという話がある。おそらく土地の人が助けたのだろうと思うが、この話から岡山県の和気神社は、狛犬でなく猪を飾っている。戦前の和気清麻呂の一〇円札は、裏に猪が刷ってあった。私の親たちは一〇円札一枚を「猪一匹」と呼んでいた。

称徳天皇が亡くなると、道鏡は失脚した。それでも死刑にはされなかった。おそらく称徳天皇と男女の関係があっただろうから、そういう方を死刑にするわけにいかないというので、下野国に流された。日本はなかなか死刑にしない。

　古代において皇統断絶の危機があったのは、二度とも女帝の時期である。称徳天皇の死で天武天皇系から天智天皇系に皇位が戻ると、以後、江戸時代に至るまで、一度も女帝にしようという話は出なかった。次に女帝が現れるのは、じつに八百五十九年後の江戸時代初期、徳川秀忠の娘である和子が後水尾天皇の中宮に入り、生まれた皇女が中継ぎで明正天皇になったときである。つまり、平安朝、源平の時代、鎌倉時代、南北朝時代、室町時代、戦国時代と、長いあいだ、女帝は一度も出なかったことになる。道鏡事件がよほど強烈な印象を与えたのではないか。

　皇統を危機に陥れた称徳天皇だが、後世にすばらしい遺産を贈ってくれてもいる。道鏡の前に彼女が重んじた藤原仲麻呂（ふじわらのなかまろ）こと恵美押勝（えみのおしかつ）という家来がいた。結局は仲違いして、称徳天皇は恵美押勝を征伐したが、寝覚めが悪かったのだろう。称徳天皇は「百万塔陀羅尼」というものをつくらせた。百万塔というのは木彫りの塔、パゴダであり、二一センチぐらいの高さの檜づくりの三重の塔だ。そのなかにお経（陀羅尼といわれる、ありがたい呪文）を書いた紙を納め、これを一〇〇万個つくらせた。それをどうしたかは

『続日本紀（しょくにほんぎ）』などの正式の文書に出てくる。それによると、当時の奈良の大きな一〇のお寺に一〇万個ずつ納めたという。

「ほんとうか？」と思われるかもしれないが、どうもほんとうらしい。一〇の寺のうち九つまでは焼けて残っていないが、法隆寺には四万五〇〇〇個以上残っている。なぜ一〇万から四万に減ったか。お金がなくなると、売ったり、寄附した人にお礼に上げたりしたからといわれている。

一〇〇万もの数のお経を人の手で書くわけにはいかない。そこで、銅版によるものか、木版によるものかに関しては学者のあいだで議論があるけれども、「百万塔陀羅尼」が印刷物であることは確かだ。いまのところ、西暦七七〇年に印刷されたので世界最古の印刷物とされている。そして、外国でも本の蒐集家（しゅうしゅうか）として鼻を高くするためには、世界最古の印刷物である「百万塔陀羅尼」をもたなければいけないのである。


世界最古の印刷ということでは、「百万塔陀羅尼」より少し早い時期につくられたと見られる「印刷物みたいなもの」が、朝鮮の寺から出た。ただし、それは一部しかなく、それをつくったという記録がほかにない。だから、印刷（プリント）したものなのか、ハンコで押す（スタンピング）形式のものなのか分からない。プリントでなくて、スタンピングだったとすると、印刷物にはならない。その点、「百万塔陀羅尼」は印刷したという記録が公式の歴史書に記されていて、しかもその記述を証明する四万五〇〇〇個以上が残っている。これは動かしがたい根拠である。

十年前ぐらいに国際古書学会が日本で開かれ、参加した人をほうぼうに案内したことがあった。このとき、三菱の静嘉堂（せいかどう）文庫へ行ったら、「百万塔陀羅尼」を四十数個並べて見せてくれた。外国人も「へえー」となった。いま欧米で買えば、一塔で二〇〇〇万円ぐらいする。

一〇〇万個のうちのほとんどが散らばったから、日本でももっている人は大勢いるし、外国でももっている人に何人も会った。称徳天皇は世界最古の印刷物、しかも大量印刷という業績を、道鏡の名とともに歴史に残したのである。

◉足利義満の野心

皇統断絶の危機としては、室町幕府第三代将軍の足利義満に皇位を侵す気があったのではないかというかなり強い疑問がある。

義満は富を得るために明と交渉した。そのときに「日本国王」という肩書きを使った。自らを「国王」と呼んだことは、新井白石と同様、私は咎めない。国王は天皇の家来という位置づけだからである。天皇は帝である。帝というのは糸偏をつければ「締」、締めるに通じる。諸国の王を締めるから帝といったのだ。最初の帝である秦の始皇帝は、ほうぼうにたくさんいた王を初めて「締めた人」だった。

日本にも多くの部族がいた。その部族は藤原氏でもなんでも、いろいろな「国」をもっていた。律令ができてからの国司にしても、その国で一番偉い。相模国の国司は、いわば相模の国王である。それを束ねるから、日本の天皇は帝なのである。その意味で、義満が勘合貿易のために国王と称したとしても、天皇がいるからかまわないではないかと、日本人はいえばいい。

　問題は義満が力を得たあとである。室町幕府は、元来は脆弱（ぜいじゃく）な政権だった。初代の尊氏にしても最後まで安定しなかった。それが義満の時代に変わる。それは明徳三年（一三九二年）に北朝と南朝を合一したことが大きいが、義満は大名統制でも幕府の力を強めた。全国の六分の一にあたる国々の守護となって「六分の一殿」といわれた山名（やまな）一族を征伐し、周防（すおう）の有力大名大内義弘（おおうちよしひろ）も滅ぼすなど、強い守護大名を下したのだ。そして、すべてのことに天皇に準じるような形式をとりはじめた。

　義満が建てた相国寺（しょうこくじ）の供養式は、朝廷の御斎会（ごさいえ）に準じるものだった。また、京都の北山につくった隠居所（その一部が金閣寺である）には紫宸殿（ししんでん）や公卿（くぎょう）の間（ま）があったといわれる。いずれも天皇の御所にしかないはずのものだ。

　そればかりか、なんと自分の妻を「国母」にした。第百代後小松天皇の生母が薨去（こうきょ）しそうになったとき、義満は関白の一条経嗣（いちじょうつねつぐ）に、「もしものことがあれば、後小松天皇は御一代に二度、諒闇（りょうあん）をなさることになり、不吉だ。どう思うか」と問うた。

諒闇とはシナの皇帝が父母の喪に服することをいう。明徳四年（一三九三年）に父の後円融上皇が崩御されていたので、生母が没すれば、たしかに後小松天皇は二度、父母の喪に服することになる。ただし、これは先例のあることで、そのときは不吉だ何だと騒がれてはいない。

わざわざそのようなことを尋ねる以上、何か目論見があるはずだ。関白経嗣は義満の意図を推察して、「そのときは南御所（義満の妻、日野康子）を准母（国母の代わり）とすればよろしいのではありませんか」と答えた。義満はこの回答に喜び、後小松天皇から義満の妻に宛てて「朕之准母也」という詔書をもらった。

これで義満は「天皇の母の夫」だから、太上天皇のようなものだ。事実、後小松天皇が義満の北山の別荘に行幸したとき、玉座と対等の位置に席を用意したり、桐竹の紋の入った衣装をまとったりしたという。桐竹の紋は天皇だけに限られたものだ。それから、相国寺にある義満の肖像画は、桐と鳳凰の模様がある衣装を身につけている。これは太上天皇を意識していたと思われる。

後小松天皇は幼いころから義満に接し、二人は伯父と甥のような関係だったという。それに、南北朝合一は義満の手で成就したし、後小松天皇の父の後円融天皇は義満の後押しで皇位に即いたこともあり、義満の立場は強かったのだろう。

だが、義満の野心は自分一人にとどまらなかった。どうやら息子を天皇にしたかったらしい。長男の義持（よしもち）には征夷大将軍を譲ったが、寵愛する側室から生まれた二男の義嗣（よしつぐ）は清涼殿において後小松天皇臨席のもとで元服させ（式次第は親王と同じものだったという）、天皇の猶子（名目上の子）にした。名ばかりの子供とはいえ、義嗣に皇位が譲られる可能性がないとはいえない。自らを太上天皇に准じたぐらいだから、義嗣を天皇にするつもりだったことは十分考えられる。そして、政治的にも軍事的にも、義満の意思を止められる者はいなかった。

ところが、義嗣元服の二日後、義満はにわかに病を発し、十日ほどでパタリと死んだ。享年五十一。ここに危機は去った。

次の第四代将軍の義持は父のやったことが大嫌いだったので、明との勘合貿易を止め、北山の別荘も金閣寺などの一部を除いて壊した。義満に対して朝廷から追号された「鹿苑院太上法皇」の尊号を返上し、准国母となった義満の妻の葬儀も簡素に行なった。なお、後小松天皇の猶子となった義嗣は、謀反を企てたとして捕らえられ、焼き殺されている。

◉皇室は「敵にまわすと怖い」

こうして皇統は損なわれることがなかった。しかし、義満が長生きしていたら分からなかった。皇位簒奪の寸前までいったことは確かである。

ただし、皇位を奪おうとしたら、義満は第二の蘇我蝦夷、あるいは道鏡になったであろう。周囲の人にどう見えたか分からないけれども、私は成功しなかったと思う。

義満は南北朝の対立を解消し、大名統制を安定させたが、いかに義満の力が強大になっていたとしても、足利家に背きたい者は大勢いた。当時はまだ、南朝の皇子たちがどこかに流れて潜んでいたから、そこで兵を挙げる人が必ず出てきただろうし、皇位簒奪を名分にして背きたい者たちが立ち上がっただろう。

それは南北朝時代の動きを見るとよく分かる。建武の新政に失敗した後醍醐天皇が吉野に逃げたらそれで終わりかといえば、終わらなかった。尊氏の弟・直義

（ただよし）が尊氏の重臣である高師直（こうのもろなお）と争ったとき、直義はなんと南朝に対して降参し、南朝をバックに高一族と戦ってこれを滅ぼした。その後、直義は南朝を離れ、尊氏のもとに戻ったが、尊氏との仲が悪くなると、今度は尊氏のほうが南朝に降（くだ）った。弟が再び南朝に奔（はし）って勢いづくことを恐れた尊氏が先に降参したのだ。もちろん、直義との対立が解ければ尊氏は北朝の側に戻るにしても、これは南朝の存在がいかに大きかったかを物語る事実である。

三種の神器を有して正統性を誇示する南朝は、楠木正成（くすのきまさしげ）、正行（まさつら）親子を失い、武力的に衰弱してからも、京都に何度か戻ることができた。直接に掌握している武力だけが戦力ではない。そういう皇室の力を一番よく知っていたのは『神皇正統記（じんのうしょうとうき）』を書いた北畠親房（きたばたけちかふさ）である。親房は賢明にも、吉野から伊賀までを支配し、海への拠点を押さえた。そのおかげで日本中に命令を出すことができた。

親房が亡くなると後継ぎがなくなったので、命令の発信力は弱まったが、それでも北朝にとって南朝の存在はつねに頭痛の種だった。内紛が起こって結びつかれると、どれほど燃え上がるか分からない。いつもハラハラしていた。

皇室というのは軍事的に非力であっても、敵にまわすのが怖い存在である。これを言い換えれば、皇室の存在は「旗」になるということだ。戦国時代に入ると、心ある人は京都から命令しなければ乱世は収まらないと考えた。京都から命令するということは「天皇を担がなければならない」という意味だったことはいうまでもない。織田家などはわりと早くから伊勢神宮などに寄付をしていたし、毛利家も少しではあるが寄付をしている。

ただし、戦国時代は隣同士のケンカだから、うっかり留守にすると国を取られる。そのため、気になっていても、領地を離れることがほとんどできず、有力な大名がなかなか上洛できなかった。

戦国時代の後半になると、伊勢神宮ですら祭祀の費用に事欠くようになった。当然ながら、皇室は衰微した。第百四代後柏原天皇が即位されたときは、即位の礼を行うお金がなかった。但馬の山名家が三〇〇〇疋、丹後の一色家が二〇〇〇疋、越後の上杉家が五〇〇〇疋を献上したが、総額で五〇万疋がいるといわれただけに、とうてい足りない。結局、践祚して二十二年後に、ようやく即位の礼ができた。後奈良天皇は即位後十年、正親町天皇は三年たって即位の礼を執り行われた。また、後土御門天皇が崩御されたあと、費用がなく、なかなか葬儀ができなかったという。皇室はそれほど貧しくなった。

では尊敬心が失われたかというと、そんなことはない。隙（すき）あらば上洛し、奉ってあげたいという者は少なからずいた。そして、隣にケンカ相手がいるからうっかり動けないという状況を打破したのが織田信長である。

信長のあとの秀吉の場合は、皇室を奉る動機がはっきりしていた。自分がいうのでは誰も心服しない。だから、天皇を奉ろうとした。当時の後陽成天皇は徹底的に秀吉から大切にされたので、秀吉が好きだった。室町時代に後花園天皇が将軍・足利義教（よしのり）の館を訪問されて以来、百五十年ぶりという聚楽第（じゅらくだい）への行幸においては、気に入ってなかなか帰らなかったというぐらいであった。秀吉は秀吉で、大名を集めて天皇に忠誠を誓わせる。すると、天皇の一番の家来である関白の自分に忠誠を誓うことにもなる。こういう図式で権力の正統性を誇示した。その後、徳川家が天下を制したけれども、天皇の下にあって権力を保持するという構図を崩すことはできなかった。

◉「貴種相続」と「財産相続」

ここで相続には二つの種類があることを指摘しておこう。それは「貴種相続」と「財産相続」である。

「貴種相続」は「種」を尊重し、血統を続かせる。「財産相続」は財産を守って残す。

皇室の意義は貴種相続であり、財産相続ではない。戦国時代の皇室は経済的に貧乏大名以下のレベルだったが、断絶する恐れはなかったし、その地位を奪おうとする人もなかった。そして、皇室が貴種であることはみんな知っていた。その意味で、どれほど貧しくなっても、皇室の意義は失われない。

これに対して、財産相続の意義は財産であり、財産がなくなれば家は消える。だから、大坂の大商人は、息子に店を継ぐ能力がないとなれば、娘を有能な番頭にめあわせたり、適当な娘がいない場合は夫婦養子をするなどして、とにかく財産を守ったのである。

武士の場合でも、殿様の子供がいなかったら領地という財産を失うので、家来が困る。そこで養子をもらってくるのだけれども、領地を守るためには殿様などどこからもらってきてもいいという家もあらわれた。極端な例だと、幕末にほんとうに金がなくなった小さい藩で、大坂の大金持ちから養子をとって殿様にしたところがあったという。借金がなくなると、商人の家から来た殿様には隠居してもらった。そういう話があるぐらいで、武士の相続は「種」という点ではいい加減なものであった。

ヨーロッパの王室を見ると、「貴種相続」と「財産相続」が入り混じっている。たとえばイギリスでは、カトリックに改宗したジェームズ二世を、「王様がカトリックになってもらっては困る」ということで追い出した（名誉革命）。このままでは王家（ステュアート朝）が断絶する。そこで、ジェームズ二世の娘で新教徒のメアリーと、彼女が嫁いだオランダ人の亭主を連れてきて王様にした。これがメアリー二世とウィリアム三世だ。この夫婦が没すると、メアリーの妹アンを女王にした。これも亡くなると、しようがないのでローマ帝国のレックスに帰り、遠い遠い昔に結びついていたハノーヴァーの王子を連れてきて、ジョージ一世とした。これが現在のウィンザー朝の始まりだ。
ジョージ一世が貴種ではあることに間違いはない。しかし、日本のように純粋な貴種ではない。日本の皇室は一〇〇％の純度だが、イギリス王家は純度の低い貴種である。

第1章で述べたように、ヨーロッパにはローマ帝国の貴種がばらまかれている。ローマ帝国の傭兵隊長（レックス）の子孫で、約五〇〇家といわれる。そういうヨーロッパ中に広まった貴種のなかから、ヨーロッパの王家はいざとなれば跡継ぎをもってくる。純度は薄らいでもいいが、庶民を王様にするのは嫌だというわけだ。

今度結婚されたイギリスのウィリアム王子の相手はふつうの人である。これはダイアナ妃以下ということになる。それでも、ウィリアム王子はチャールズ皇太子の息子だから貴種という感じがするけれども、庶民出身の母親が続くとどうなるのか。

「そんな王室は要らないのではないか」

という者が出てくるかもしれない。余所（よそ）の国のことだからどうでもいいといえばそうなのだが、これで女王が出たら完璧に国民の王室尊崇の心が切れる可能性もある。王様が貴種でなくなるというのは恐ろしいことなのだ。

貴種としての純度が高い皇室があるので、日本はどんなに貧乏な貴種でも尊敬心が失われない。戦国時代、食えない公家が地方に行くと、どこでも尊ばれた。なぜかというと、武士は朝廷での地位が低いことを知っていたからだ。征夷大将軍になった源頼朝でさえ公家としてのランクは低いほうであり、他の武士はさらにその下である。そうすると、京都から来た高位の公家は貴種だと映り、地方の大名が奉ったのだ。

徳川幕府でも、いつの間にか将軍の正室は皇室や高級公卿の家の出でないと資格がないというような基準ができている。貴種を尊重する風ができあがったわけだ。ただし、江戸時代を通じて、ふつうの大名家は完全に財産相続になった。だから、明治になってから消えた大名家は、誰も再興しようとしない。尊くないからだ。

余談になるが、私の郷里である鶴岡を領した酒井家は、いまでも旧領内で尊敬をもたれている。多くの大名家が明治時代に華族となって東京に移り住み、地元を忘れたようになったのに対して、酒井家は本邸を東京にもたなかった唯一の大名である。殿様は申しわけ程度に東京に出たけれども、すぐ庄内に戻ってきた。酒井家は江戸時代の初めころから替わらずに庄内を領し、戊辰戦争も最後まで負けず、勝ったまま降参した。いまだに尊敬されているのは、こういうことも関係しているのだろう。ちなみに、隣の山形は大名家が何度も替わったこともあり、相当の知識人でわざわざ郷土史を学んだ人でないと、殿様の名前も覚えていない。

現在は徳川家でさえ貴種の色彩が薄い。宗家ということで尊敬する人はいるだろうけれど、一般人が総じて尊敬するわけではない。それでも、「お古い家ですね」などというのは、「古い」ということの価値を象徴している。日本の場合、貴種相続は皇室が一番純粋な形だけれども、だいぶ水増ししてほうぼうに残っている。たとえば、トヨタでも豊田家の何代目かが社長になると、「大政奉還」などといわれるあたりに多少名残りが感じられる。

◉能力主義を終わらせた家康

江戸時代はそれなりにいい封建時代であり、立派にやってきた。徳川政権において中心の相続基準は長子相続で、能力を問題にしない。これは徳川家康がそう切り換えた。

戦国時代は、無能な長男がいたら、家の存続のために坊さんになってもらうしかない。そういう時代に生きた家康が、無難な男で、どちらかといえば平凡だった秀忠（ひでただ）を二代将軍にした。秀忠は関ヶ原の戦いに遅刻した人物だから、当時としては間抜けといわざるをえないが、家康は秀忠を後継者に選んだ。

ところが、秀忠と正室のお江（ごう）は、長男の家光（いえみつ）でなく次男の忠長（ただなが）を可愛がった。秀忠はお江の尻に敷かれていたような傾向があるから、もっぱらお江が可愛がったのだろう。その結果、三代将軍は忠長が継ぐのではないかという噂になった。当時はまだ、武家のあいだで長子相続が確立していない。これに危機感を覚えた家光の乳母・春日局（かすがのつぼね）が家康にその状況を伝えたらしい。家康はいろいろと考えて、これからは能力の時代ではないと見た。この点で家康は大天才である。

久しぶりに武蔵野で狩りをしたいといって、家康は駿府（すんぷ）から江戸に出てきた。家康の狩り好きは知られていたから、これは不自然ではない。そして、江戸に滞在しているあいだ、長男と次男の待遇にはっきりと差をつけた。それで秀忠夫妻も周囲の大名たちも、「三代目は長男、家光だ」ということで決着したという。

このことが、後代に強烈な教訓として残った。八代将軍吉宗（よしむね）の長男・家重（いえしげ）は言語も明らかに喋（しゃべ）れず、どう見ても無能な男だった。家重の言葉を唯一理解できるのが、大岡忠光（おおおかただみつ）という家来で、何事につけて大岡の通訳が必要だったという。

これに対して、次男の宗武（むねたけ）は、のちに御三卿の一つである田安（たやす）家の初代になるが、馬が上手、弓が上手という有能な人だった。弓馬の道は武家にとって一番重要である。そのうえに学問ができた。『田安宗武の研究』を書いて歌人の土岐善麿（ときぜんまろ）は文学博士になったが、そういう研究者が出るほど、宗武は漢学だけでなく、国学まで修めていた。

長男の家重はろくに口もきけないのだから、吉宗は宗武を跡継ぎにということも考えたはずだ。しかし、泰平の世において、能力次第で跡を継がせるとなると、大名、将軍、旗本、御家人、すべてにお家騒動が起こる。吉宗も長男・家重を選んだ。

では、家重を将軍にしてみたらどうなったか。余計なことをいわないから、かえってよく治まった。将軍が変なことをすると、「将軍の仰せだからしようがない」となって抑えが効かなくなる。ところが、その将軍が変な我が儘(わがまま)を出さず、政治を老中たちに任せると、老中同士が張り合ってあまりおかしなことはできなかったのである。江戸時代の文明の頂点は、このあたりの時期、宝暦年間(一七五一年〜一七六三年)にあるといってもいいぐらいだ。

家重とその後の時代は、ある意味でパラドックスの時代というべきだと思う。江戸文学史の専門家で九州大学教授の中野三敏(なかのみつとし)氏は、現在、日本で最もたくさん和本をもっているといわれる人である。この人がいうには、宝暦以前は元禄期に松尾芭蕉が出たように堅い文学の水準が高い。幕末になると、絵双紙(えぞうし)などのみだらなものの水準が高くなる。ところが、その真ん中あたり、堅いのとやわらかいののミックスがちょうどいいのが家重あたりの時代だという。たとえば、俳句の与謝蕪村は水準が高く、かつみだらでない。硬軟のバランスがとれている代表的な例だろう。

◉牛肉を召し上がった明治天皇

そのままであれば、徳川幕府は何百年も続いたはずだ。一番上の人は能力がなくてもいいのだから、つぶれない。ところが、嘉永六年(一八五三年)、ペリーの黒船が来航したことで状況が一変した。欧米列強は能力万能の進化論を背負ったような国々である。「この世は優勝劣敗」「弱いやつは悪いやつ」というぐらいの意識をもち、「弱いやつを滅ぼすのは自然の法則」と信じるような連中だった。

この外圧に対して、幕末の日本は適応能力が十分ではなかった。欧米諸国に支配されないように転換しようと試みたけれど、うまくいかない。結局、幕府が倒れ、薩摩と長州を中心とする明治新政府ができた。

このときに能力の有無だけで行こうとすると革命になる。しかし、明治維新はたんなる革命ではなかった。幕末に危機的状況が生まれると皇室が途端に輝きだし、明治は皇室が復活した時代である。これは復古運動の極といえる。一方、伊藤博文（いとうひろぶみ）に代表される明治の人たちは、革新の極だった。鹿鳴（ろくめい）館などは痛々しいほどの革新運動である。つまり、伝統を背負った復古運動をしながら革新運動をした。これが明治維新の実像だ。

こういう矛盾を矛盾に終わらせずに両立させえたのは、皇室があったからである。保守と革新の両方を一身で示した方が明治天皇である。

明治天皇は、宮中晩餐を西洋式にし、牛乳もお好きだった。ところが、廃止されていたような古い神事もみな復活された。そして、神事がある日の前の晩は牛乳を飲まれない。そのようにバランスをとった。すなわち、日本人が復古と革新のバランスをとる模範が明治天皇だった。

食べ物に関して、それまでは牛肉を食べてはいけないなどと、いろいろとタブーがあった。食べるとしてもこっそり食べた。ところが、天皇陛下が食べているといわれたら、堂々と食べられる。日本人の「食」について、タブーが一挙になくなった。

もっとも、肉に関して私の郷里では、明治以前の状態が昭和まで続いていた。べつにお寺ではないが、母が肉を台所に入れたことがなく、私は実家で肉を食べた記憶がない。母が生まれた家も、もちろん肉を食べていなかった。村全体がそうなのだ。従兄弟が街に出て肉を食べて帰ると、母の姉、つまり私の伯母は門まで来ただけで「肉を食べたやつが来た」と分かるぐらいだった。何百年も肉を食べなかった村にいると分かるのである。

私の祖母は若いときに目を悪くして、勉強は何もできなかった。したがって、文字から入った知識はゼロである。孫の私を相手にいろいろ喋ってくれたが、話の内容はオオカミが来たときにどう逃げるかとか、子供のころに早起きして川でカワウソから逃げようとした鱒を拾ったというようなことだった。それは東京とは全然違う世界であり、感覚的には明治時代のようなものだったと思う。

記憶にあるのは、冬になると村ではサメを食べていたことだ。日本海でとれたサメを、魚屋が雪の上に並べて売っていた。サメは生臭く、母は料理しなかったが、雪が止んで三日ぐらい天気の日が続くと、山のほうからお百姓さんが出てきて、サメを一本藁にくるみ、担いでいく姿をよく見たものだ。それは重要なタンパク源だったのだろう。

鶴岡の町で肉を食べた家はあったと思うが、肉屋は「長南肉店」という一軒しかなかった。「誰が肉を食べるのだろう」と思ったことをまだ覚えている。そのころは、少なくとも農村はどこも肉を食べなかったと思う。

大学一年生のときに、私は東京で初めて肉を少しばかり食べた。あのころは肉というほどのものは手に入らなかったけれど、それでもクリスマスのころに、神父さんがどこからか掻き集めてきて、少し肉の入ったすき焼きを出してくれた。「うまい」と思った。しかし、家へ帰れば肉を食べることはなかった。明治以前はそういう雰囲気が日本全国にあったと理解すればいいだろう。そういう習俗、慣習を取り払ううえで、明治天皇という模範は大きな力となったのだ。

明治天皇はまた、伝統的な神事のときは伝統的な服を召されたけれども、ふだんは軍服などの洋服をお召しだった。日本人は洋服に対するアレルギーをもっていたが、正式な衣服は洋服になった。

「住」はともかく、「衣食」という非常に伝統的になりやすいものを、天皇お一人で変えられたわけである。

◉オランダ人はなぜ「反日」か

明治維新で最初に発表された天皇のご意思が「五箇条の御誓文」である。「広く会議を興し、万機公論に決すべし」は立憲君主制の発表といってもいい。新しい学問を求めよ、広く知識を世界に求めよというお話は、きわめて進歩的な姿勢を示されたと理解できる。その一方で、保守すべき面では徹底的に保守的になられた。江戸時代には中止していたような皇室の儀式を復活され、古式豊かになさったのである。

これを国民から考えると、復古運動といいながら革新運動も進めるという、非常に矛盾したことを進められたということになるが、この矛盾を克服しなければ、古い国が伝統を壊すことなく近代化を成し遂げることは不可能である。この点を理解して明治天皇を尊敬した人が、イランのパーレビ国王だった。パーレビの治世下でイランの近代化は上手く行きそうだったが、ホメイニ師という宗教者が出てきて、神政暗黒時代に戻った。

明治天皇を尊敬して成功した人としては、ほかにトルコのケマル・パシャがいる。ケマル・パシャも革新的、進歩的であり、当然、イスラムから強い反対があった。丸い帽子でなければ頭を下げて礼拝できないではないかとか、いろいろとあったらしい。しかし、それは心の問題であるというようなことで、イスラムを捨てることなく近代化を進めた。パシャは古いものを廃止しない一方で、新しいものを入れるという当たり前のことを断固実行したのである。

古いものを廃せずに新しいものを導入する。これは言うは易く行うは難い。中国などは革命というかたちで数千万人の同朋を殺さないと近代化に切り替えられなかった。インドは植民地というイギリスの統治を経なければできなかった。

戦後、多くの国が植民地から独立したが、それらの国々は日本を手本にした。ピーター・ドラッカーは、二十世紀の末ごろに書いた本で、「二十世紀で一番大きな影響を世界に与えたのは日本だろう」といっている。その理由としてドラッカーが挙げたのは、第一に世界の大部分の国、要するに植民地だった国々に、主権が重要であることを教えたことだ。だから、どこの国も独立しようとした。

もう一つは、自然科学が輸入できるということを示したことだ。十九世紀の段階では、近代社会の基盤となる自然科学を、欧米諸国以外で導入できた国は、日本だけだった。これは永続的に発展するという意味では一番大きな影響だろう。

私もドラッカーの指摘は正しいと思う。そこに付け加えれば、資源のない比較的小さい国でも、大国並みに繁栄できることを日本は示した。とりわけ戦後の繁栄は、天然資源がなくても、勤勉と工夫によって繁栄できるというモデルとなった。それを一番よく理解し、体現したのは旧日本帝国の一部であった韓国と台湾だ。その台湾を見て驚いたのが中国共産党の鄧小平(とうしょうへい)だった。

欧米先進国を除けば、他の国はたいがい不完全ながら日本を念頭に置いて近代化に取り組んでいる。発展途上国が成功する唯一のキャッチアップ・モデルが日本なのである。

私たちは意識しないけれども、アメリカとは三年数カ月、シナ事変からいえば八年間、日本が大戦争をやったことを世界中が見ている。戦争はよそ目に見れば面白いものだ。リビアのデモでも面白いぐらいだから、軍艦が動き、飛行機が飛ぶ戦争となると、もっと面白い。放っておいても、世界の人々は日本が戦っている戦争に関心をもった。

そこで世界中の人が分かったのは、こんな戦争をできる国は、日本とアメリカしかないということだった。ソ連には航空母艦がなかった。ドイツにもない。イギリス、フランスは航空母艦をもっていても機動部隊はない。日本とアメリカだけが、機動部隊を編制し、航空母艦数隻ずつを使って戦い合った。そして、少なくとも最初の三年間ぐらいは互角だった。日本がみじめに負けはじめるのは最後の一年目に入ったあたりだ。これを世界中が見ていて、自分たちができないことをやっている、と実感しただろう。

これでアジアの人の意識が変わってしまった。変わったことが分からなかった欧米諸国は、戦後再びアジアの植民地を取り戻そうとした。アメリカはフィリピン、オランダはインドネシア、イギリスはシンガポール、マレーシア、フランスはベトナム、カンボジア。しかし、元には戻らなかった。彼らが日本を見たからだ。

アジアの植民地のなかで、フィリピンとビルマは戦争中に独立した。大東亜会議のメンバーだったから、日本が独立させたといってもいい。

大東亜会議に関して付け加えておくと、昭和十八年（一九四三年）の秋、東條英機（とうじょうひでき）内閣は外務大臣重光葵（しげみつまもる）の提言を入れ、大東亜会議を開いた。これはアジアで開かれた最初の国際会議だといってもいい。出席者は、日本を中心として、満洲国から張景恵（ちょうけいけい）首相、中国からは汪兆銘（おうちょうめい）主席、ビルマからはバー・モウ首相、フィリピンからはラウレル首相、タイからはワンワイタヤーコーン殿下というメンバーだった。

インドネシアは独立予定であって、まだ独立していなかったけれども、スカルノがオブザーバーというかたちで出席した。スカルノが東京に来て、皇居に参内すると、昭和天皇がわざわざ出ていらして握手された。

当時、インドネシアはオランダの植民地であり、インドネシア人は植民地の官吏の前でぺこぺこし、ぶたれても殺されても文句がいえないような身分である。植民地人から見ると、一番偉いのは植民地にいる宗主国の官僚で、その連中は植民地人を死刑にしようが何をしようが勝手だった。その宗主国であるオランダを簡単に追い払った強い兵隊のいる国で、総理大臣のまだ上にいる人が、親しく握手をされたのだ。スカルノにしてみれば、感激を通り越して恐れ入ったのではないかと思う。事実、彼はそれを終生の喜びとして、非常に親日的だった。これはスカルノ個人にとどまらず、戦後、インドネシアと日本の関係は素晴らしく良かった。

逆に、オランダは戦後、非常に反日的だった。天皇が訪問されたときも、いろいろな嫌がらせをした。ベルリンで開かれた国際古書学会で、どこかの国の人が「オランダ人は反日だ」というから、「それはそうだろう。インドネシアを失ったのだから」と答えると、「ああ、そうか」とうなずいた。こういう当たり前のことが、相当の知識人でも案外、頭に入っていない。とくに日本では、「日本が悪かったから」という人が多い。しかし、オランダが反日である根本的な理由は、植民地だったインドネシアを失った恨みである。

逆にいえば、コロンブス以降、世界を席巻した帝国主義先進国の欧米列強に対して、古い伝統を有する国がどうやってアイデンティティーを維持し、発展するかという唯一の手本を、明治天皇以来の日本が示したということである。

第4章

皇室伝統を再興するために

◉「国体」は何度も変わってきた

明治憲法の精神は「五箇条の御誓文」における万機公論にある。さらに源をたどれば、聖徳太子の「十七条の憲法」までさかのぼるが、明治憲法は日本の伝統を研究しつくしたうえでつくられたものだった。それが今次の大戦に敗れたあと、戦勝国の占領下で現行の日本国憲法に変えられてしまった。われわれが直面する混乱を解きほぐすためには、やはり根本に返って正すべきものを正さなければならない。

その際、念頭に置いておきたいのは、神話の時代から今日まで、日本の「コンスティチューション」は何度も変わってきたということである。

コンスティチューションは通常「憲法」と訳されるが、元来の意味は「体質」である。年を重ねるとともに人間の体質はだんだん変わる。その意味で、歴史の中で国の体質――国体といっていい――が変わってもおかしくない。

また、人間は死ねば体質が消える。国の場合、それを「国体の断絶」という。

日本は国の体質が変わりはしたけれども、変わるたびに元気が出るような感じで、けっして断絶しなかった。これは日本という国の重要な特徴である。

では、これまでに日本でどのような「国体の変化」が起こってきたのか。

第一の変化は、用明天皇が仏教を信仰し、仏教という外来の宗教と神道が併存したことである。「国教として仏教が採用され、神道が廃される」と年表にゴシック文字で記されることではなかったけれども、国の体質としては大きな変化である。

第二は、日本を完全に武力で征服した頼朝が守護・地頭を置き、政治の実権を完全に掌握したことだ。これは政治原理の根本的な変化である。以上の二つは第2章と第3章で述べたところである。

第三は、鎌倉時代に起こった承久の乱である。承久三年（一二二一年）、後鳥羽上皇が倒幕の兵を挙げ、鎌倉幕府は遠征軍を派遣して朝廷の軍を破った。このとき、天皇の軍と幕府の軍は明らかに戦った。鎌倉方の兵を率いたのは執権・北条義時（ほうじょうよしとき）の息子・泰時（やすとき）だ。

「もし、後鳥羽上皇が戦場にあらわれたらどうしましょうか」

と泰時が伯母の「尼将軍」北条政子（まさこ）に尋ねたところ、

「そのときはしようがない。逃げなさい」

と指示されたという。もちろん、天皇や上皇が戦場に出ることはないから、泰時が兵を引くような事態は起こらなかった。

乱が終わると、後鳥羽上皇は隠岐に、順徳上皇は佐渡に流され、討幕計画に反対した土御門上皇は自ら求めて土佐に流された。幕府は、順徳上皇の子だった仲恭天皇を廃し（九条廃帝）、第八十代高倉天皇の孫にあたる皇子を第八十六代後堀河天皇として立てた。その後も後鳥羽上皇の系統ではない方を天皇に選び、公家たちが順徳上皇の皇子を天皇に推したときも、「承久の乱に関係あった方の子孫はダメだ」といって、土御門上皇の皇子を第八十八代後嵯峨天皇とした。

こうして、それまでは高位の公家が選んできた天皇を、位の低い武士が選ぶようになった。朝廷を「官」とすれば、武士は「民」に近い。ある意味でこの「選択権の移動」は「主権在民への移行」ともいえる。これは国体の大きな変化と捉えられよう。

◉南北朝分裂の発端

　鎌倉時代が終わると南北朝時代に入るが、南北朝分裂のそもそもの発端は、幕府が皇位につけたこの後嵯峨天皇が、長子より同腹の次子を可愛がったことにある。一応、長子が第八十九代後深草天皇となった。しかし、後嵯峨上皇は次子を後深草天皇の皇太弟とし、さらに天皇の猶子(ゆうし)とした。そして後深草天皇が病気にかかると退位させ、次子を第九十代亀山天皇に立てた。このとき後深草上皇はまだ十七歳、亀山天皇は十一歳であった。

　それでも後嵯峨上皇の院政下にあるときは混乱が生じなかった。しかし、文永九年（一二七二年）上皇が亡くなると状況が変わる。後深草上皇は父親から実権を引き継いで自ら院政を始めるつもりだったが、後嵯峨上皇は、次の実権を誰に渡すかは幕府に相談するよう遺言していた。ご自身が幕府の指名で皇位に即(つ)いたから、それを踏襲するつもりだったのだろう。

　困った幕府は、後嵯峨天皇の皇后で後深草、亀山の両天皇の生母だった大宮院に、後嵯峨上皇の真意がどうだったか問い合わせたところ、「亀山天皇の親政」という回答を得て、後深草上皇の院政を認めなかった。そのうえ、皇太子にも亀山天皇の皇子を立てた。

これを悲しんだ後深草上皇は、太上天皇の尊号を捨てて出家されようとした。ここに至って幕府は後深草上皇に同情し、後深草系と亀山系とが交替で皇位に即くように、建治元年（一二七五年）両者のあいだを調停した。この二つの系統が、のちに北朝と南朝に分かれることになる**（図6参照）**。

壬申の乱は天智天皇の子・大友皇子（おおとものおうじ）と天智天皇の弟・大海人皇子（おおあまのおうじ）が争った。兄に子があるのに、弟に皇位を与えることは争いのもとなのである。だから、明治の皇室典範はそういうことが起こらないように皇位継承の順位を決め、兄に子供がいるときは皇位が弟に継承されることを禁じた。

第四の変化は、明治憲法である。これも第3章で述べたところだが、復古と革新という矛盾を克服して近代化を進めたことは、世界史的に見ても大きな意味のある国体の変化だった。

図6　持明院・大覚寺両統の系譜

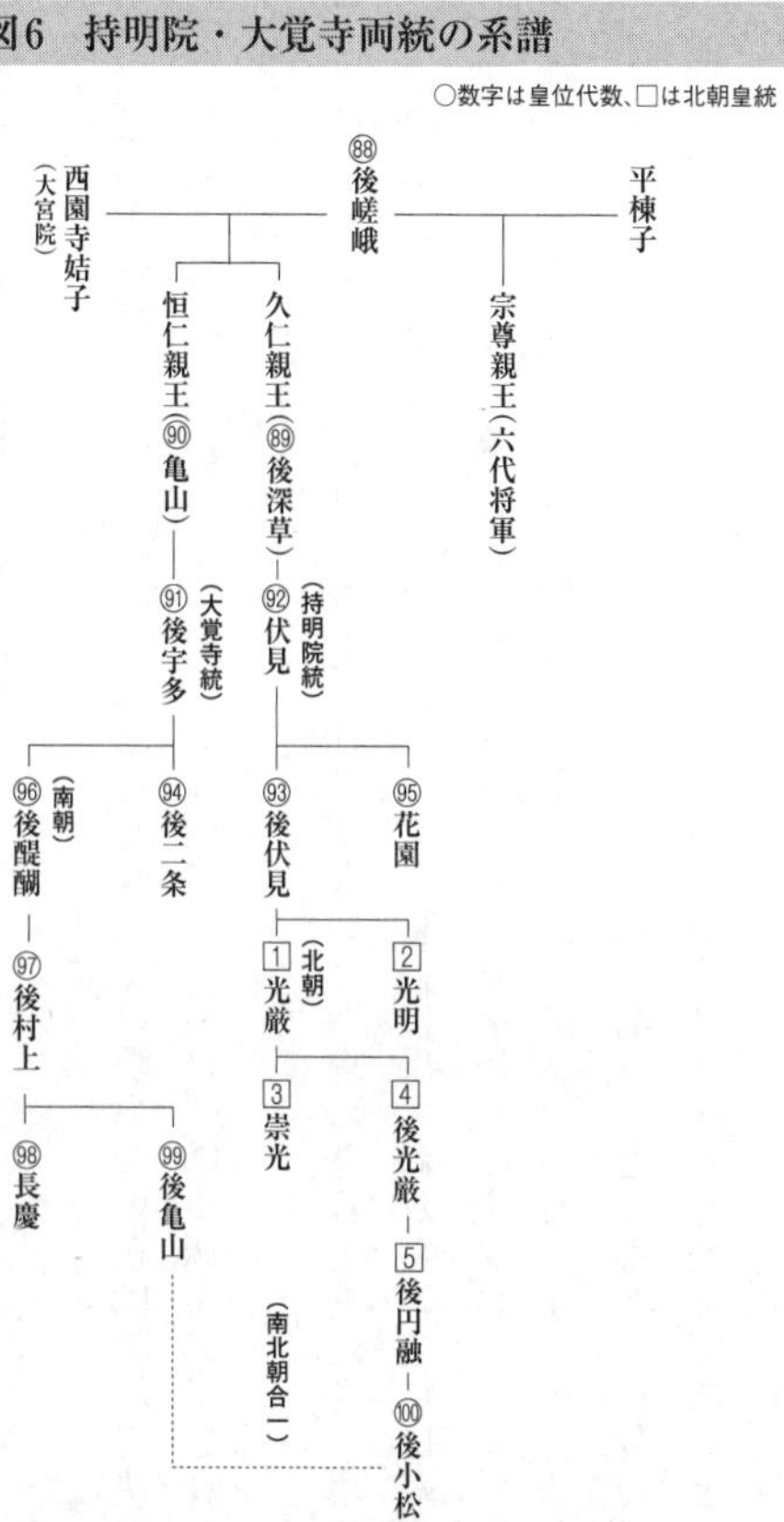

そして、第五の「国体の変化」が、敗戦後、占領軍が国際慣行を無視して被占領国の憲法を制定したことである。

◉「条件付き」だった日本の降伏

占領者は被占領国に対して恒久的な法律を与えてはならないと国際法で決まっている。したがって、昭和二十一年（一九四六年）に日本国憲法が公布されたことは不当な行為であった。

日本人は「無条件降伏したのだから仕方がない」と思わされてきたが、ポツダム宣言の受諾は無条件降伏ではない。ポツダム宣言には「われらの条件は左の如し」と書いてあり、その条件の一つに「陸海軍の武装解除は無条件とする」という項目がある。つまり、武装解除に関することだけが無条件であり、あとは占領国が守るべき条件を列挙した文書がポツダム宣言である。ところが、ＧＨＱの最高司令官としてマッカーサーが来ると、日本の降伏はすべて無条件であるという立場をとった。武装解除したあとだから、日本としてはこれに抵抗しようがなかった。

当時、アメリカの占領方針には、日本人という「恐るべき有色人種」をいかに去勢するかという意識があった。いまは人種意識が薄れたからピンと来ないけれど、日本との戦いはアメリカ人にとって人種戦争であり、だからあれだけアメリカ人は勇敢だった。

アメリカの建国は人種差別によって成立している。もし、インディアンが白人と同等の権利を白人に認められていたら、アメリカ合衆国は成り立たなかった。ハワイについてもフィリピンについても同じことがいえるけれど、何よりも白人と黒人が平等だったら黒人を奴隷に使えたわけがない。

海軍のスプルーアンス提督が書いた記録によると、太平洋で日本と戦っているあいだ、アメリカ海軍は、黒人でもシナ人でもヒスパニックでも、有色人種を軍艦のなかでは料理人にしか使わなかった。ふつうの海兵にして階級が上がったら、白人が部下になる可能性があるからだ。陸軍でも同じだったと思う。後方の兵站（へいたん）に付くケースはあったかもしれないが、ふつうは出世するところに置かなかった。

私がアメリカの大学で教えたとき、アメリカの海軍軍人の家庭に呼ばれたことがある。この人は南太平洋で日本と戦った経験があり、日本軍の強さをよく話していたが、最初のころは日本が勝っていただけにアメリカはいろいろと研究していた。

たとえば、日本がハワイ攻撃で石油タンクを破壊していれば、ハワイに残った航空母艦をはじめとする軍艦が動けなくなり、西海岸まで守りようがなかった。それは西海岸が日本の艦砲射撃の範囲に入ることを意味する。そうなったら軍艦がつくれないから、日本が負けないまま、ドロンゲームとなっただろう。

ミッドウェーの戦いでも、戦艦大和をも使っていれば、アメリカが負けるような戦いだった。ガダルカナルにしても同様で、トラック島にいた戦艦大和がガダルカナルの近辺に出て艦砲射撃をすれば、二万人のアメリカ兵は全滅しただろう。当時のアメリカの力では大和を沈めることができなかった。そういうことをアメリカは分かっていた。

当時のアメリカは人種差別の国である。日本を占領したとき、向こうの実感としては、「こんな有色人種がまた出てきたらどうする」といったところだった。

そこで、二十五年ないし五十年間ぐらい日本を占領して骨抜きにする。悪い言い方をしてもよければ、日本人をアメリカ・インディアンのようにしようとした。居留地を日本列島だけに限って、産業的には農業と軽工業を有する程度の国にする予定だったようだ。

少し長いあいだ治めるのだから、占領政治基本法が必要となる。それを日本国憲法という形でつくらせた。つまり、日本国憲法は「アメリカが五十年間ぐらい日本を統治する」という前提でつくられたものである。

そもそも主権がない日本が、憲法を制定するというのは理屈としておかしい。主権がないということは独立国ではない。だから、占領された時期の日本は海外に大使館がなかった。その時期に「主権の発動である憲法」をつくれるわけがない。このことをいわない憲法学者は嘘つきである。

また、憲法に関して「朕は、日本国民の総意に基いて、新日本建設の礎が、定まるに至つたことを、深くよろこび……帝国憲法の改正を裁可し、ここにこれを公布せしめる」という詔勅（しょうちょく）を昭和天皇が出されたが、これは天皇が強制的に嘘をつかされたという認識をもつべきである。あのころは、憲法についていっさい議諭してはいけないという占領軍の命令が出ていた。いわばプレスコードである。それを昭和天皇がご存知ないわけがない。しかし、昭和天皇にすれば、ポツダム宣言において連合国に隷属する（subject to）と約束している。したがって、マッカーサーの意図に反対はできない。だから、ああいう詔勅を出されたのだ。

アメリカ軍が日本を占領しつづける前提で日本国憲法がつくられたことを象徴するのは、憲法の前文に記された「日本国民は……平和を愛する諸国民の公正と信義に信頼して、われらの安全と生存を保持しようと決意した」という個所だ。これは、外国を信頼して日本人のセキュリティー（安全）とエグジステンス（生存）まであずけようという趣旨である。

国民の生命と財産を守るという国家の仕事を外国にあずけるのだから、戦争放棄を唱える第九条がつくられてもおかしくない。しかし、日本人の安全と存在を外国にあずけていいのかと問うたら、大多数の国民は首を横に振るだろう。九条の改正に反対する人たちは、前文には触れない。国民に受け入れられない前文を語らずに、九条を守れ、九条を守れとだけいう。

現在「日本国憲法」とされている法律は、正しくは「占領基本法」と呼ぶべきである。アメリカ軍の駐留を前提としていたものである。しかし、実質上、戦後の日本で政治の基本になってきたことは確かだ。その点では、憲法改正は日本という国の体質を変えたのである。

◉日本に六度目の「国体変化」を

現在、日本には六回目の「国体の変化」が必要である。いうまでもなく、それは現憲法を改正することだが、そのやり方について、私は一つの提案をしたい。明治憲法にいったん戻すということである。

そのとき、あらかじめ明治憲法の改正草案をつくっておき、明治憲法のなかで変えるべきところは変えておく。たとえば、明治憲法の欠点であると私が以前から指摘してきたのは、総理大臣を規定した条項がないことだ。それから、刑事訴訟法には反対尋問の権利を保障する項目がないので、そういう条項を入れておく。

ほんとうは独立回復のときに旧憲法に戻すべきだったが、それをやらずに何十年も経つあいだに、いろいろな法律ができてしまった。こういった昭和憲法から生じた種々の法律は、とくに改定あるまでは有効とすると付け加えておけば、混乱は起こらない。

たとえいまの憲法を全部生かしたようなものでもいいから、改正草案をきちんとつくっておく。そうしたうえで、午前十時に国会で「現憲法はこれを廃止し、明治憲法に帰る」と現憲法の無効を宣言する。そして、昼休みをはさんで国会を再開し、午後一時に新憲法を発布するのである。これで第六次の「国体変化」が動き出す。

明治憲法は改正条項がゆるい。議員の三分の二が出席し、三分の二が賛成すれば変えることができる。つまり、議員全体の九分の四が賛成すれば改正できる。明治憲法に戻すのはそういう利点もあるが、なによりも日本に主権がないときに押しつけられた憲法であるという点を正さないまま改正すれば、日本人自ら占領憲法にレジティマシー(正統性)を与えることになる。軽率にも、そういうことを考えないで憲法改正論をいう人がいるが、単純に改正してはならない。

終戦は明治憲法にのっとって行われた。明治憲法の第十三条には、戦争を始めたり終えたりするのは、天皇の権限だと書いてある。その規定に従って戦争を終えた。その後は占領者に「サブジェクト・トゥ」（隷属）だから、日本ではどうにもならない。繰り返すけれども、その時期に不当につくられたのが現憲法である。だからこそ、主権を回復したあとは、「占領基本法」を破棄し、一度は（一時間でも一分間でも）正規の明治憲法に戻って憲法の改正を行うという筋道をきちんと踏む必要がある。

国際法上、不当な行為に知らないふりをする嘘。

日本国憲法を日本人がつくったという嘘。

嘘で憲法が始まってはいけない。その意味でも、日本国憲法は変えなければダメである。

ただし、これを憲法学者に頼むべきではない。ごく少数の例外を除いて、憲法学者は嘘つきである。昭和天皇の詔勅が正しいと思っている。そして前文を無視している。憲法でないものを憲法だといって、大学で教えている。飯の種（たね）で嘘をいうような人たちの憲法論に耳を傾ける必要はない。

◉明治の皇室典範を復活せよ

皇室の問題に限れば、皇室典範が非常に重要である。これもまた敗戦という異常事態のなかで、占領軍によって変更が加えられた。それればかりか、明治の皇室典範は憲法の下に立つものではなかったのに、昭和の皇室典範は憲法の下に置かれてしまった。そのことによっていろいろな不都合が生じている。現在は憲法の下にあるのだから、憲法と一緒にいったん明治の皇室典範に戻してから改正するのが適当だと思う。

明治の皇室典範は、伊藤博文（いとうひろぶみ）、井上毅（いのうえこわし）などが中心となってつくられた。とくに井上毅は天才中の天才といわれた人だが、当時は華族にも昔のことをよく知っている人が大勢いたから、作成の過程で古くからの歴史が調べられ、その知恵を集めた。そして、皇室典範をつくる会議すべてに、明治天皇が出席なさった。

明治憲法発布と同時に皇室典範は出されたけれども、皇室の「家法」であるから国民に知らせる必要はないだろうということで、官報の公布はなかった。しかし、明治憲法発布のときに集まった人たちには印刷物で配られたから、秘密文書ではない。皇室の「家法」といっても、皇族が土地を買ったり売ったりすれば民間と接触するし、皇族が犯罪を犯さないとはかぎらない。そういう場合を考えると、どうしても一般の法律とのすり合わせが必要であり、その後、改訂されたものが公布されている。

明治の皇室典範は憲法と並び立ち、憲法下にはないから、国民が変えられるとか変えられないという性質のものではない。同時に、皇室の「家法」という意味では天皇個人が簡単に変えられるものでもない。「家法」という定義をしたことで、そのことをはっきり示しているのである。

ただし、明治のころと現在では違ってきていることもある。たとえば、明治の皇室典範では、皇后は皇族および華族から出すと決められていて、ふつうの人は対象外とされた。今日、美智子皇后陛下という立派な方がいらっしゃる現実があるから、皇室会議で認めた場合は民間人を皇后にしてもよろしいというふうに変えればいい。

もっとも、皇室財産の復活は反対が多いと思う。現在の日本であれば、国家予算をもってすべての皇室費用をまかなえばよく、いまさら皇室財産を復活することもあるまい。

とにかく重要なのは、新しい皇室典範は憲法の下に立たないという点である。明治の皇室典範は明治天皇の親裁によると書いてある。皇室の意見を聞いたうえで、現行の皇室典範を改正することを提案したい。

その際、気にかかるのは小和田（おわだ）家の存在である。いまや皇太子妃殿下雅子様の実家である小和田家は、蘇我氏のようになっているところがあるようだ。小和田恆（ひさし）氏は蘇我入鹿のようにけしからん人だと思う。

昭和六十年（一九八五年）十一月八日の衆議院外務委員会で、土井たか子議員が侵略戦争についてどう考えるかという質問をしたのに対して、当時外務省条約局長だった小和田氏は東京裁判を引き合いに出し、「日本はまだ中国に対して有罪である」という主旨の答弁をした。

日本はサンフランシスコ条約を締結して国際社会に復帰した。ところが、いつの間にか東京裁判を受諾して復帰したことになっている。筋書きを書いたのは小和田氏である。私は同氏を国賊だと書いたけれど、文句をいってこないのは不思議だ。

そもそも国会でのやり取りは外務省と土井議員とのなれ合いではなかったか。平和条約を締結して三十年も経ってから、侵略戦争云々が議会で問題になるわけがない。このやり取りは中曾根康弘内閣のときのことだ。したがって、小和田氏の答弁を見逃した中曾根氏には大きな責任がある。そのせいか、中国から文句をいわれて靖国神社の参拝を中断した最初の首相は中曾根氏であり、その罪は大きい。

◉皇室が「馬から落ちそうだったとき」

皇室と日本の歴史をあらためて振り返ったとき、G・K・チェスタトンがローマ法王庁について述べた言葉を思い出す。

十九世紀イギリスの大歴史家トマス・マコーレイ卿の言によると、「ヴェスビアス火山が火を噴き、ローマのコロシアムでライオンや豹(ひょう)が踊っていたころからローマ法王庁はある」。聖ペトロに始まるので法王庁の歴史も二千年くらいだから、偶然にも日本の皇室と同じころに始まったと考えていい。

それ以後のローマ法王庁の歴史には、ろくでもない法王もあらわれている。たとえば、聖職者は結婚しないのが建前だが、妾をもった法王がいた。それぱかりか、妾とのあいだにもうけた子を出世させようとした。さすがに自分の子供だとはいえないので、「甥だ」といった。そこから「ネポティズム」という言葉が生まれる。「甥」という意味の「ネポス」から来る「ネポティズム」に「身内びいき」という意味が生じたのは、ローマ法王が「甥だ」「甥だ」といって自分の子供を出世させたことから来ている。そういう法王が続く堕落した時代が、ローマ法王庁にもあった。

また、教会の存続自体が危ない時代もあった。宗教改革などは、ほんとうにカトリックがなくなってもおかしくなかった。

そういう危機的状態から、ローマ法王庁は立ち直っている。チェスタトンはこれを文学的に表現して、

「名馬に乗った騎士が、山あり谷ありというところを駆けてくるような感じであ

る」

といった。馬から落ちそうなときもあったし、ちゃんと乗っているときもあったが、全体として見ると見事に駆け抜けているというのである。

これは皇室の歴史にもあてはまるだろう。考えてみれば、世界の組織で二千年続いているのは、ローマ法王庁と日本の皇室しかない。だから、似ていておかしくないのかもしれない。

皇室も「馬から落ちそうなとき」はあった。なかでも印象的なのは「女帝が立ったときに危機がくる」ということである。

「女帝」は女性の天皇であって、女系天皇ではない。女系天皇と女帝の違いを理解していない人も少なくないが、「お父さんは誰か」と尋ねていくと、神武天皇、あるいは素戔嗚尊までさかのぼるのが男系の天皇である。女系の天皇とは、父親をさかのぼると神武天皇に辿（たど）りつかない方で、そのような天皇はいまだかつて存在しない。日本史に一〇代八方いらっしゃる女帝は、すべて男系の女性天皇である。

たとえば、称徳天皇が道鏡と結婚して生まれた皇子が天皇に即位したとしよう。この系統が代々皇位を継承したとして、後代に「お父さんは誰か」を辿ったとき、皇族ではない弓削道鏡に行き着く。そんなことがあったならば、皇室が今日まで続くことはありえなかったことは確実だ。

これに対して、日本史に例のある女帝は必ず天皇の子か孫であり、父方をさかのぼると神武天皇、あるいは素戔嗚尊に辿りつく。だいたいは天皇が亡くなって跡継ぎの皇子がまだ幼く公務に堪えないと思われたときに、皇族の出である皇后が中継ぎの役割を担って天皇になられたか、あるいは政治的な関係で男子の天皇をすぐには立てられないときに、女性皇族に皇統を保っていただいたかのどちらかである。そこに例外はない。

しかも、皇后であった方が天皇になった場合は、必ず月経が止まった歳になっている。それから、娘で天皇になった人は、必ず結婚していない。この鉄則は守られてきた。

数年前に「皇位継承権のある男子皇族がいなくなってきたので心配だ」と口にする人たちが、皇位継承順位を変更するための「有識者会議」なるものを開いた。小泉純一郎という元気のいい首相のときだった。委員長は東大工学部の教授。この人は若いころ、民青（みんせい）だったという。副議長のような立場の人は左翼。他のメンバーは無害無知で、かつ忙しい人。つまりなるべく会議をさぼる人たちだ。したがって、主立った二、三人ぐらいで会議は進められ、非常に早く答申がまとまった。

出てきた答申に、みんな慄然（りつぜん）とした。「皇位は第一子が嗣（つ）ぎ、男女は問わない」。つまり、皇位継承順位を皇太子殿下の長女である敬宮（としのみや）愛子様に変えたい、ということである。これは危険だということで、世論が盛り上がった。そのうち秋篠宮（あきしののみや）家に男子が誕生され、この議論は収まったが、愛子様が天皇になられたときの危険を感じた人はあまりいなかった。というより、そのことをわざわざ議論の俎上（そじょう）に乗せなかったように思う。

◉旧宮家の方々を皇族に戻す

いまのところ、皇統は秋篠宮家の男子である悠仁（ひさひと）親王殿下に継承されるので心配はない。しかし、あえて仮定として述べておきたい。

当時、愛子様が誰と結婚なさるかということを誰も問わなかった。これまでの例でいえば、結婚なさらないはずである。そうすると、御子がないということになり、皇統断絶の危機が生じる。また、愛子様が天皇になられる歳はいくつかというと、はっきりいえないけれども、今上天皇が亡くなられて、皇太子殿下が天皇になられ、その方が亡くなられたあとだから、四、五十年後と考えるのがふつうだろう。そうすると、愛子様は相当なお歳になられている。その間、妊娠しなければ、皇位継承権のある方はいなくなっている計算だから、これも皇統断絶である。

もし愛子様が結婚なさったとする。その場合、皇族と結婚なされれば、種（たね）は続く。しかし、皇族以外の方と結婚なさる可能性は大きいと考えられる。結婚なさらなければ、そこで皇統断絶。結婚なさった場合、お相手が徳川さんだったら、そこから生まれた子供は徳川さんの子であり、ほんとうの貴種ではなくなる。

いわんや、愛子様が韓国映画を観て、「あの韓国人がいい」といって結婚なさったとしよう。そこから御子が生まれて皇位を継承したら、一滴の血も流さずして日本の皇室は韓国に占領されたことになる。あるいは、お相手が白人の場合もあるし、黒人の場合もあるだろう。こういう方とのあいだに生まれた子供を天皇として、日本人がいまの皇室に対する尊崇の念をもちつづけうるかといったら、きわめて危ういといわざるをえない。

このように、有識者会議の答申どおりに皇位継承順位を変えれば、皇室がなくなる可能性がきわめて高い。

戦前、スターリンは日本の皇室をなくせと日本共産党に命令した。戦前の共産党はコミンテルン日本支部という位置づけであり、コミンテルンの指示どおり皇室を廃止しようと試みて失敗した。しかし、スターリンが死んで何十年か経ったら、スターリンが墓のなかで高笑いするような事態になりかけたのである。

幸いにして、秋篠宮様に男子がお生まれになったので、皇統断絶の危機は当面避けられた。けれども、将来のことを考えると、第六回目の国体の変化では、皇室の種を保存する仕組みが絶対に求められる。それは何かといえば、皇位継承者をたくさんもつことである。

占領中の昭和二十二年（一九四七年）十月十四日、ＧＨＱの命令によって、皇位継承資格をもつ一一宮家が強制的に皇籍から離脱させられた。山階宮（やましなのみや）家、梨本宮（なしもとのみや）家、閑院宮（かんいんのみや）家、東伏見宮（ひがしふしみのみや）家、北白川宮（きたしらかわのみや）家、伏見宮（ふしみのみや）家、賀陽宮（かやのみや）家、久邇宮（くにのみや）家、朝香宮（あさかのみや）家、東久邇宮（ひがしくにのみや）家、竹田宮（たけだのみや）家の一一宮家であり、全部で五一人の皇族の方々が一度に臣籍降下することを余儀なくされた。この旧宮家の方々に皇位継承者として復帰していただく。

この事件からすでに六十年以上を経て、いくつかの宮家は断絶の憂き目にあっておられるが、幸い残った宮家には立派な方々がいらっしゃる。この方々を皇族に復帰させ、皇室を敗戦前の姿に戻す。こうして宮家を増やせば皇位継承は安泰になる。

とにかく皇族がたくさんいないと貴種保存は難しい。徳川幕府にしても、貴種の保存にどれだけ苦労したか。直系の長子相続は四代の家綱（いえつな）までだった。五代綱吉（つなよし）は三代将軍家光の子で家綱の弟だが、上州・館林（たてばやし）藩に出されていたのを連れ戻して、徳川宗家を継がせた。ところが綱吉にも子がなく、その次の六代は家綱の甥にあたる家宣（いえのぶ）が甲府徳川家から入り、これも七代家継（いえつぐ）で切れた。そこで家康がつくっておいた御三家の紀州徳川家から八代目の吉宗（よしむね）が迎えられた。吉宗は御三家でもまだ足りないというので、一橋・田安・清水の、いわゆる御三卿をつくった。それでも幕末には危ないぐらいだった。

皇室会議の構成を除いては、旧典範と現在の典範はあまり変わっていない。いったん臣籍に降下した皇族は、二度と皇籍には戻れないという一文はいまも生きている。

しかし、戦前皇族を離れた男子は、どうしようもない不良に限られていた。たしかに問題のある方が戻ってもろくなことはないが、今回は一度すべての方々を戻せばいい。一度戻して、そののち適当に整理する。皇室の血を守る備えをとらないと、貴種存続という日本の国体は守り切れない。

◉「耄碌爺」の妄言

占領軍ですらも皇室典範の第一条「皇位は、皇統に属する男系の男子が、これを継承する」には手をつけなかった。したがって、天皇は男系という制限がある。

昭和天皇はご叡慮（えいりよ）によって側室をもたれなかったが、その結果、男系を維持しようという考え方が非現実的になったのだと主張する向きもある。だが、それはためにする議論である。

昭和天皇が結婚なさったときから敗戦まで、男子の皇族は大勢いらっしゃった。たとえ昭和天皇が男子を得られなくても、皇統が断絶する恐れはなかった。だからこそ「大奥」を不要とされたのだ。側室をおもちにならなかった時点で、昭和天皇が「男系でなくてもいい」というご意思をおもちだったことなどありえない。

歴史を振り返れば、皇位の安定的な継承が危うくなったとき、先人たちが何代もさかのぼって男系の皇位継承者を探してきたことは明らかだ。

古代の例を挙げると、まず第二十二代清寧天皇のときである。第二十一代雄略天皇がかなりの数の皇族を殺したので、残った方々はあちらこちらに逃げて身を隠した。次の清寧天皇には子がなく、この方が亡くなると皇統断絶もありえたが、偶然、播磨国（はりまのくに）で皇位継承者が見つかった。雄略天皇に殺された市辺押磐皇子（いちのへのおしはのみこ）の子で、第十七代履中天皇の孫にあたる兄弟である。身分を隠して牛や馬の世話をしていた二人を播磨国の国司が発見して、朝廷に連れていき、弟が先に即位して第二十三代顕宗天皇となり、続いて兄が第二十四代仁賢天皇となった。

仁賢天皇の皇子が、第二十五代武烈天皇である。その武烈天皇にも男子がなかった。再び皇統断絶の危機である。このとき、大連（おおむらじ）の大伴金村（おおとものかなむら）は、第十四代仲哀天皇の五世孫にあたる倭彦王（やまとひこのおう）が丹波国にいることを知り、迎えにいった。

ところが、やってきた兵士を見て驚いた倭彦王は、山の中に逃げて姿を隠してしまった。困った金村は、次に応神天皇の系統を調べ、越前国に曾孫の孫にあたる男大迹王（おおどのおう）を探し出した。この方が第二十六代継体天皇となる**（図7参照）**。

継体天皇は五代、さかのぼっている。さかのぼらなくても武烈天皇の姉と妹がいたのだから、もし皇位継承が将来、女系になってもよければすぐにできた。しかし、一生懸命探して見つけた方を天皇にしたのは、男系継承の永続が条件であったことを物語る。

同じように、江戸時代になっても、五代、六代とさかのぼって皇位継承者を男系の皇族に求めている。そうでなければ、貴種は尊敬されない。何代でも戻って継承しなければならないほど皇位は尊いということが重要なのである。

五代さかのぼって皇位を継いだ継体天皇が、武烈天皇の姉・手白香皇女（たしらかのひめみこ）を娶（めと）ったことをもって、継体天皇は皇室の「入り婿（むこ）」だという人がいる。バカな話である。朝廷の者たちが一生懸命探して男系男子を見つけ、お願いし、河内に連れてきた。そして、三種の神器でもって即位され、政治をとられた。その後、子供がいないことは皇統の継続にとって困ると大連・大伴金村が上奏し、手続きを経て結婚したのだ。どこが入り婿だろうか。どこかの農家の

図7　第15代応神天皇～第26代継体天皇系図

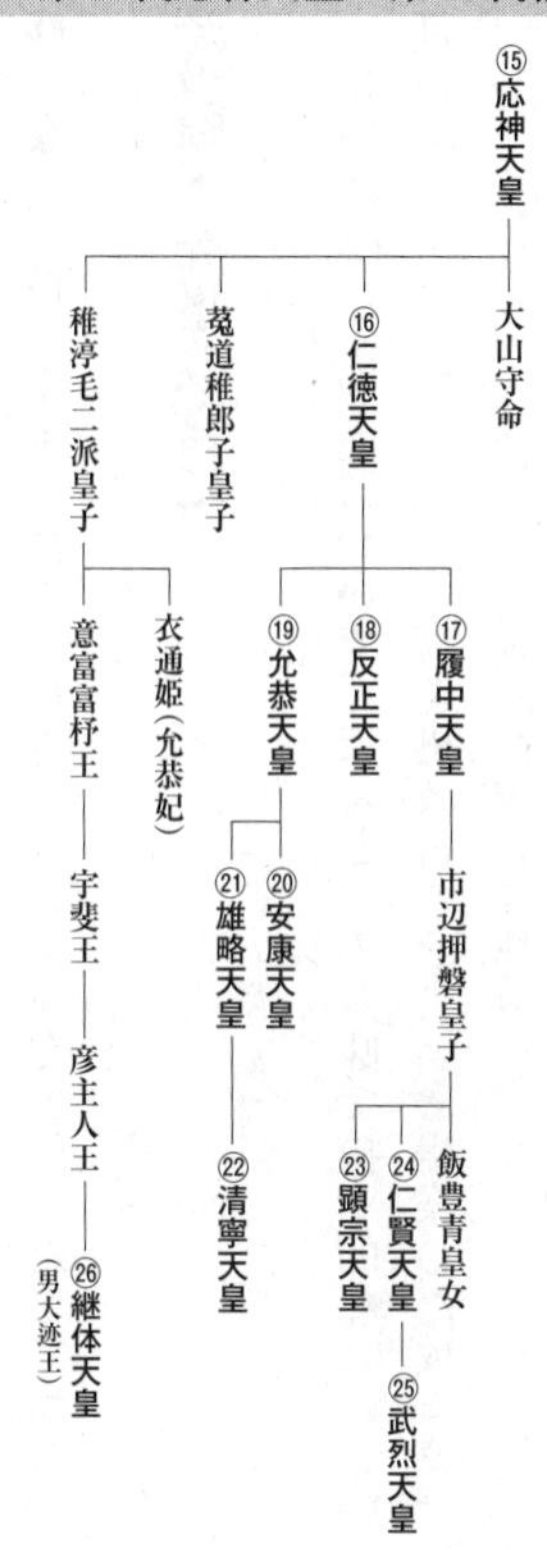

『標準日本史年表』（吉川弘文館）より

話と同じに思ってもらっては困る。

継体天皇を入り婿だと強弁した皇學館大学元学長・田中卓(たなかたかし)氏のことを、私は月刊誌『ＷｉＬＬ』で「耄碌爺」(もうろくじじい)と記したが、反論はない。これは主観でなく、彼の文献の利用の仕方がインチキだといったのである。

◉秋篠宮殿下を摂政宮に

今日、皇室が抱える問題について、ほんとうの意味で抜本的なことを書かれたのは、月刊誌『歴史通』に「秋篠宮を摂政宮とせよ」と提案した佐々淳行(さっさあつゆき)氏である(二〇一一年五月号、「天皇——最高の危機管理機構」)。

天皇皇后両陛下が、自ら老軀病体に鞭打たれて東日本大震災で被災した人たちを見舞って回られるお姿は、拝見しておいたわしく、いたたまれない思いだ。大正天皇がご病気のときは、皇太子だったのちの昭和天皇が摂政になられて公務を代行なさったのだから、今度も摂政宮(せっしょうのみや)をお立てになり、両陛下には休養して長生きしていただきたい。ところが、皇太子殿下は雅子様がお病気だからゆっくりご療養なさることが大切である。だから、摂政宮には秋篠宮殿下を立て、紀子妃殿下とともに、皇室祭祀はもちろんのこと、被災民激励その他の公務にいそしんでいただきたいという趣旨だった。

佐々氏の主張は聞くべきものがあると思われる。東日本大震災のあと、皇室の存在感は高まっている。菅内閣がもたもたしているときに、天皇皇后両陛下が被災者を慰問（いもん）されるお姿を通し、日本全体が「ほんとうに大切なのは、内閣よりもこちらだ」と分かった。平成になってから何となく思っていたけれど、天皇陛下と美智子皇后の立ち振る舞いは日本人の心に深く染み通ってきているのではないだろうか。

震災直後の三月十六日、天皇陛下がテレビを通じて国民に語りかけられたお言葉のなかに、「自衛隊、警察、消防、海上保安庁をはじめとする国や地方自治体の人々、諸外国から救援のために来日した人々、国内のさまざまな救援組織に属する人々が、余震の続く危険な状況のなかで、日夜救援活動を進めている努力に感謝し、その労を深くねぎらいたく思います」とあった。自衛隊、警察、消防は、民主党政権がずっと嫌って反対し、手直ししようとしてきたものである。天皇陛下が、彼らこそが大事なのだと示され、感謝とねぎらいのお言葉を述べられたことは大きい。

民主党政権が「事業仕分け」で削った大部分は、災害対策費である。京都大学の土木工学の藤井聡(ふじいさとし)教授と一時間ばかり「チャンネル桜」で対談したとき、八ッ場ダムは早くつくらなければならないといっておられた。あるコースで台風が来ると、利根川と荒川の堤防が壊れ、被害は東日本大震災の東北六県よりも大きくなる。しかも、被災地域は首都圏であり、現在、日本で最も重要なエリアだ。その被害を防ぐための備えが八ッ場ダムなのだという。それを「つくらない」と民主党は切ってしまった。なぜか。

民主党は、もとは左翼の市民運動だったけれど、実態は唯経済主義なのだろう。とにかく予算を削減すれば支持率が上がるという計算しかなかったと思われる。

土木というのは「唯」ではないと、藤井教授はいう。とにかく非常の事態に備えるものだから、平時は無駄に見える。東日本大震災でも、一五メートルの堤防をつくった村は津波に耐えられた。しかし、三六億円かけて堤防をつくった小さな村の村長は、施工当時はものすごい反対を受けたらしい。

日本人の発想の欠陥として、「徹底的に準備をするけれども、それを超えた場合は考えたがらない」という指摘がある。

日本の軍艦は、敵の大砲の口径を前提にして、「これ以上厚くすれば弾は通らない」ということを考えた。しかし、「将来もっと大きな口径の大砲ができるかもしれない。そのときにどうするか」は考えない。装甲が厚いために、日本の軍艦が大破すると回復に時間がかかった。それどころか、だいたいが沈んでしまった。

これに対して、アメリカの軍艦は大破してもすぐに復活してきた。向こうはフェイル・セーフという概念があり、「いざというときにどうするか」「それでもダメならどうするか」という発想が必ず入っているのである。たとえば、アメリカの航空母艦は被弾して火災を起こすと、すぐに消火する力があった。アメリカ海軍は、このために一番簡単な方法を採用している。それは海の水を使って消すという仕組みだった。

一方、日本の航空母艦は「弾が当たらないようにする」「当たっても大丈夫なようにする」「火災が起こらないようにする」ことが前提になっていた。しかし想定外のことが起こると弱かった。なにやら福島第一原子力発電所の被災と通じるところがある。

余談ながら付け加えると、零戦が登場したころはものすごい能力があったから、後ろから撃たれるということはない。ところが、アメリカが新型戦闘機を開発し、零戦の後ろをとるようになると、守りを想定していないから被害が大きくなった。「想定外のことが生じたら」ということを想定せず、そのときに対応できるような余裕をもたない。これはやはり日本人の欠点として反省しなければならない。

◉「国体変化」はマドンナの手で

このことに関して、松下幸之助氏は偉いと思う。氏の「ダム経営」という発想は、想定外のことが生じても耐えられる力を蓄えておくということだ。いざというときに「資金を蓄えているダム」があれば、経営は安泰である。会社が小さいときは一か八かでやらなければならないことはあるかもしれないが、なるべく早くダム経営を志すのが、ほんとうの経営者である。松下氏はふつうの日本人を超えた人だったと、つくづく思う。

震災があって以後、「想定外」という言葉がやたらと使われるが、日本人の欠点が占領憲法のもとで増幅しているような気がする。「平和を愛する諸国民の公正と信義に信頼して、われらの安全と生存を保持しようと決意した」という前文に従えば、ソビエト連邦や中国は攻めてこないのであり、ソ連や中国との戦争は想定しないでいいことになっている。しかし現実には、来ている。尖閣諸島にも北方領土にも、彼らは遠慮なくやって来た。

かつて田中美知太郎（たなかみちたろう）氏は、「『台風、来るべからず』という立て札を立てたら、台風は来なくなるか」とおっしゃったが、こちらが「想定しない」としても、あちらがどう考えるかは別である。祝詞（のりと）なら効き目がある。しかし憲法には何の効果もない。

だからこそ、現憲法を廃し、日本にとってプラスになる憲法を新しくつくらなければならない。そして、それに合わせて皇室典範を正し、日本の軸である皇室を安泰にしなければならない。それが六度目に国体を変えるということである。日本は国体が変化しても断絶しないという歴史があるから、思い切って変えていい。

憲法が変わるときは、国の体質が変わるときである。第六次の「国体変化」は、ガッツのある首相がいればできる。第五次の国体変化が占領軍の暴力によってできたのだから、できないことはない。

残念ながら、国体を変えるほどの力がある政治家がいまは見あたらないが、歴史というのはどこから何が飛び出してくるか分からない。長州藩の足軽だった伊藤博文が明治政府の中軸にまでなるとは誰も思わなかった。案外、ジャンヌ・ダルクのように、マドンナ政治家のなかから出てくるかもしれない。

歴史を振り返れば、幕末に大老、井伊直弼（いいなおすけ）が桜田門外で殺されるなどとは、誰も考えなかった。徳川幕府は武家政権であり、当時の武士は自分の殿様が絶対的に偉い。その上に幕府があり、井伊直弼はその幕府の実質的な最高責任者だった。それが安政七年（一八六〇年）江戸城の真ん前で、わずか十数人の浪人によって殺された。あれで日本人は愕然（がくぜん）とし、八年後（一八六八年）

には官軍が江戸城に入り、その次の年には明治天皇がお入りになった。このスピードはすごい。日本は一気に変わる可能性を秘めている国なのである。

第5章

小林よしのり氏　女系論への弔鐘

◉最初から答えてくれれば

皇統論について小林さんと私のやりとりが月刊誌『W・iLL』の上で半年ほど続いていたが、一月号（二〇一一年）で小林さんから「最終回答」をいただいた。この間のことをフォローしていない読者もおられると思うので、経緯を要約しておきたい。

まず小林さんが、私が皇室の男系論者であることをカルト信者の如しと批判された。それで小林さんの皇統論についての考えを明確に知りたいと思い、『W・iLL』七月号（二〇一〇年）に公開質問状を出した。皇統に関することなので罵詈讒謗（ばりざんぼう）の言葉や表現を使う必要がないように、私は丁寧な言葉を使った。「……お互いの意見に対する誤解のないように先ず次の質問に答えて下されば幸いです」として、第一に明治の皇室典範に対する質問のほか三点ばかりお訊ねした。意見の確認のためであるから、一行ですむような設問だ。この第一問に一行でも答えてくれたら、それで終わったと思うのだが、そうはならなかった。

次号（八月号）に小林さんの回答があった。それには私の質問への答えはなかった。そして、秋篠宮家の親王殿下の不例を前提としたり、旧宮家の人々への意見を聴取したり、皇位継承を国民の意見で決めるという内容になる質問だったので、「返答しない」と答えた。そして、まず私が提出した一行で答えられる質問に答えてくれるようお願いしつづけた。

ところが突如、十月号に八ページにわたって私の個人攻撃を行なってきた。皇統に関することでの批判ならまだしも、まったく関係のない個人のプライバシー――しかも三十年ほど前のゲバ学生たちがタテカンに書いたいいかげんなもの――まで持ち出してきて、それを皇統にからめて批判してきた。

しかも『朝日新聞』がかつて渡部攻撃のときに社会面で使った虚構記事――渡部はヒトラーの如し――というのまで使った。『朝日新聞』自身が、あれは虚構記事だと認めているのだ。さらに田中卓（たなかたかし）氏の権威を用いて、私が皇統論を論ずる資格のないシロウトで、「皇室の問題を自分の妄想だけででっち上げて語る」人間だとされた。

当然のことながら、私は十一月号に、これまでの小林さんへの質問を繰り返し、さらに名誉を害されるような発言には、それにふさわしい応答をした。

十二月号にも小林さんの私に対する悪口、名誉棄損に通ずることが画(か)かれていた。これに対する私の反論は一月号に掲載されず、小林さんの一〇ページにわたる文章での回答が掲載された。「これを読んで最終的な回答を書いてくれ」という編集部のご意向らしい。幸いにも、小林さんは私の質問に自分の言葉で答えてくれたのでありがたい。最初から簡単に答えてくれればとっくに済んだ話だったのに。

◉マッカーサーの掌で踊る

まず明治の皇室典範についてである。これだけでもう田中卓氏とも小林さんとも話し合う必要がないと思う。小林さんはこういっている。

「明治典範は『考慮に値しない』とまでは言いませんが、金科玉条にするほどでもありません。より尊重すべきなのは、明治よりずっと遡(さかのぼ)る皇室の慣習法です」

さらに小林さんは話を継いで、

「典範義解（ぎげ）については、枢密院の議論も経ているとはいえ、あくまでも半官半民の注釈書という位置づけに止まり、現に公刊の際には伊藤博文の私著という形式にしています。最大限に評価しても『政府見解』程度のものです」

　これはまるで、明治の皇室典範を理解していないことを白状していると同じだ。もしこれが田中卓氏の意見でもあるとするならば、恩師の平泉澄（ひらいずみきよし）先生も嘆かれるのではないか。

　皇室典範の本質の説明に入る前に、まずこの明治の皇室典範がどうしてなくなったかに思いを馳（は）せてもらいたい。それは明治憲法の廃止を命じた占領軍のためである。当時の占領軍は戦時プロパガンダそのままに、戦前の日本を悪一色の国家と見、日本民族から歴史を奪う目的をもっていた。「占領軍は、被占領地の恒久的な法律を決めてはいけない」という主旨の国際規約を無視して、占領憲法を日本国民に与えたのである。

　いわゆる「新憲法」の成立については、いまではよく知られている。日本人の意見が入る余地は、翻訳の日本文を工夫するくらいのもので、日本国憲法の原文は英語であるというのが国際的にも通用しているという。

その時代の天皇陛下は、連合軍総司令官に従属、あるいは隷属する（subject）立場に置かれていた。そのときの日本国憲法の前文にはどう書いてあるか。
「日本国民は……平和を愛する諸国民の公正と信義に信頼して、われらの安全と生存を保持しようと決意した」（傍点渡部）
日本国民の生存まで諸外国にあずけてしまうというような憲法が一国の憲法でありうるはずがない。第一、当時の日本は主権を奪われた状態にあり、大使館ももてなかったのだ。主権の表現たる憲法が、主権のないところでつくられるはずがない。にもかかわらず、昭和天皇はこの憲法ができたとき、
「朕は、日本国民の総意に基いて、新日本建設の礎が、定まるに至つたことを、深くよろこび……帝国憲法の改正を裁可し、ここにこれを公布せしめる」（傍点渡部）
という勅語を発布されたのである。昭和天皇は、当時の日本において憲法論議が占領軍の命によって禁止されていたことをご存知のはずだった。「日本国民の総意」など確かめる可能性が完全に封殺されたまま新憲法がつくられたことも、百もご存知のはずであった。にもかかわらず、このような勅語を出されなければ

ならなかったことをいかに屈辱とお感じなされたか。推察申しあげるのも畏れ多い。

ここで重要なのはこの時代、明治憲法とともに、占領軍の手によって皇室典範も変えられたことである。つまり、憲法問題と皇室典範問題は切り離せない性質のものだった。そして皇室典範は、占領軍の占領統治政策基本法というべき新憲法の下位の法律に格下げされてしまったのである。

明治の皇室典範に対して冷淡であるのは、とりもなおさず、占領軍憲法を金科玉条のごとく考え、占領軍憲法の思想のもとで、しかもその憲法の永遠性を信じながら皇位を論ずる立場になる。この点において田中卓氏も、もし明治の皇室典範を軽視なさる立場ならば、その意図はどうであれ、現実的にはマッカーサーの掌（たなごころ）の上で踊る者にすぎず、小林さんはその田中氏の掌で踊っているピエロにすぎない。

◉伊藤博文による「義解」

皇統を論ずる場合、明治の皇室典範とその義解を抜くわけにはいかない。

皇室典範は帝国憲法と同時に明治二十二年に制定されたが、憲法発令の日に正式に公布されず、その印刷本を参列の官吏と人民総代に賜わったものである。憲法本文と違って官報で公布されなかったのだ。それは皇室典範は皇室の「家法」なので、一般の国民には関係ないという発想があったからと思われる。べつに秘密文書というわけではないことは、参列者に印刷本で配布されていることからも分かる。

しかし、帝国憲法が施行されてみると、全国の官吏も人民も皇室典範を知る必要があることが分かった。たとえば、皇族と一般人の民事訴訟が起こった場合は、東京の控訴院で取り扱うことなど、末端的なことにおいて補足が必要であることが分かり、明治四十年に増補して公布されたのであった。

この皇室典範には、伊藤博文の名による「義解」がついている。簡潔に述べられている条文やその発布についての解説である。

　この「義解」についての田中卓氏や小林さんの見方は、「軽視」の一言で尽きる。「半官半民の注釈書」だとか、「政府見解程度」という評価の仕方である。「義解」をほんとうに読んだことがあるのか、首をかしげたくなる。

　皇室典範の制定にあたっては、明治天皇はその一々の会議に御出席されたと伝えられている。それを裏付けるがごとく、伊藤博文の「義解」の序文には「一に聖裁に由るものなり」とある。明治人の皇室尊崇の気持ちからしても、明治天皇のお考えと違ったことをいうはずはなかろう。今日と異なり、伊藤などの元勲級の人たちは、明治天皇のお考えを直接おうかがいすることもできたのである。

　ここに、皇室典範の本質を述べた義解の文章をのべてみよう（読みやすいよう現代文に訳す）。

「……皇室典範は皇室がみずからその家法を条文化したものである。だからこれを公式に［官報などで］臣民に公布するものでない。そして将来、やむをえざる必要があってその条章を変更することがあっても、帝国議会の協賛を経る必要はない。思うに皇室の家法は先祖から承け継ぎ子孫に伝えるものである。それはもう君主が勝手に変えうるものでもなければ、また臣民が干渉してよいというものでもない」

この皇室典範に、臣民ならぬ占領軍の赤い民政局などが勝手に、無法に（国際規約に反して）干渉し、それを自分たちがその草案を創った新憲法の下位の法律にし、皇室会議のメンバーも一〇人のうち皇族は二人だけにしたのである。

◉二度の「皇統の危機」

小林さんは「重視すべきなのは、明治典範でもなく、典範義解でもなく、二千年来の皇室の慣習法です」といっているが、明治の皇室典範に対するまったくの無知をさらけ出しているといってよい。

皇室典範は、まさに皇室の慣習法に対する本格的調査と研究の結果であったのだ。だからこそ、明治天皇も参加なさっていたのである。そして皇位が明確に男系であるとき、そして嫡男子がいるときに天皇の兄弟が即位を主張しないときに最も安定し、それが明確にされないときに皇統に危機が起こるという認識に到達したのである。

戦前ならば、小学生でも知っていた「皇統の危機」は二度あった。それは蘇我(そが)蝦夷(えみし)と入鹿(いるか)と弓削道鏡(ゆげのどうきょう)の二度である。いずれも女帝のときであった。第三十五代皇極天皇即位から、第四十八代称徳天皇の崩御に至る百二十八年間に、重祚(ちょうそ)を含めて七人の女帝がおられる。女帝集中時代であった。この女帝たちはいずれも天皇の未亡人、天皇の皇女、あるいは皇孫女（父は皇子）であり、男系である。

なぜこの時代に女帝が集中したのか。理由は解りやすい（以下○の中の数字は天皇位何代目かを示す）。㉞舒明天皇からその皇子㊳天智天皇へと皇位がわたらず、舒明天皇の姪の㉟皇極、甥の㊱孝徳、さらに重祚した姪の㊲斉明天皇にわたったからである。さらに㊳天智天皇の皇子大友皇子（㊴弘文天皇）は叔父の㊵天武天皇から殺され、そのごたごたから㊶持統天皇㊸元明天皇㊹元正天皇㊻孝謙、重祚して㊽称徳という女帝が生じたのである。

なぜこうなったかは簡単で、㊳天智系とその弟の㊵天武系の皇室の正統争いに藤原氏などの豪族の権力争いが複雑に関与したので、勢力のバランス維持としての妥協であることは明らかであった。

こんなことは避けたい。それで皇位は再び天智系にもどり、さらに平安時代以降は約八百六十年間、一人の女帝もない。江戸時代になってじつに約九世紀ののちに⑲明正天皇と⑰後桜町天皇の即位があった。江戸時代の女帝は、いずれも皇位を継ぐべき皇子が幼児なので、姉に当たる方による弟に当たる方の成長されるまでの御在位であり、終生独身であられた。

簡単にこれだけの皇室の歴史を見、二回の皇統危機が女帝のときであったと考えれば、明治天皇も伊藤博文も井上毅も、皇室の家法の明文化のときに男系を明記することにしたのは、まさに皇室の慣習法を尊重したためだといえよう。

◉皇室の慣習法に反する

また皇室にとって不幸だったのは南北朝時代である。これは両朝とも皇位継承権のある人たちの争いであった。その争いの理由は簡単で、⑧後嵯峨天皇が、長子の⑧後深草天皇よりも弟の⑨亀山天皇を愛されたという私情による。明治の皇室典範が、この悲劇的な皇室の事例を銘記し、皇位の順序を明確にし、義解でも

「君主の任意に制作する所に非ず」として、ある天皇個人の好みや我が儘が、皇位継承に禍(わざわ)いを及ぼさぬようにしたのは当然のことと思われる。

「今上天皇は『女系でよろしい』というお考えのようである」というのが、小林さんの考えのようである。その出所をどこにおいているのかとの私の質問に対して、その根拠を羽毛田(はけた)宮内庁長官や渡邉(わたなべ)前侍従長の「私見」に置いているという。私は「へえー、そうですか」としかいいようがない。私にはむしろ陛下は反対らしいという「私見」をいう声も聞こえてきている。

いずれにせよ、天皇陛下はいまのところ明言なさらないだろうから、その根拠はあまり信用できないとしかいえない。ただ、小林さんの天皇陛下についての考え方は、皇室の慣習法に反すると思う。小林さんはいう。

「皇室の慣習を誰より熟知しておられるのは天皇陛下です。つまり、重視すべきものは天皇陛下の御意見だけなのです」と。

私は、明治天皇のほうが皇室の慣習をよりよくご存知であったことを、今上天皇は否定なされないと思う。皇室の慣習法は、ある天皇がお一人で変えることができるものではないはずである。長いあいだの大小の錯誤を乗り越えて、二千年以上の皇統の慣習法ができてきたわけであるから。

しかも、皇室典範を無法に変えさせた占領軍の左翼的機関でさえも、「皇位は、皇統に属する男系の男子が、これを継承する」という第一条は、廃止せずに残しておいてくれた。これを今上陛下がわざわざ廃止して、秋篠宮の悠仁様ではなく、愛子様に皇位を継承させることを望んでいるということは私には考えられない。

もし、羽毛田さんや渡邉さんがいまでもそんなふうに思っているならば、進駐軍の左翼的民政局よりも反皇室的であるといってよい。そして、占領軍の草案になる憲法を金科玉条、万世不易のものにしようとしているどころか、皇室消滅の方向に改悪しようとしている「朝敵」ともいえる。この点では、小林さんが両氏を誤解しているのだと思いたい。

●五代さかのぼって男子を求める

㉕武烈天皇のあと即位された㉖継体天皇は、閏系（じゅんけい）を五代さかのぼって⑮応神天

皇につながるため、戦後はいろいろ仮説を立てられた天皇である。岩波書店刊行の『日本史年表』によると、日本の天皇の名前は継体天皇から始まっている。シナの文献は頭から信ずるが、『日本書紀』の古いところは扱いたくないという左翼日本史家の意向をむき出しているので面白い。

何しろ、五代もさかのぼって傍系（閏系）の皇統から天皇になられたわけであるから、㉖継体天皇は興味を惹（ひ）く。左翼の人は二十五代までの天皇の歴史性を否定し、継体天皇を初代の天皇とした年表をつくるし、明治の皇室典範を重んずる人たちは、これこそ男系が重んじられていた証拠だという。㉔仁賢天皇には㉕武烈天皇になった皇子のほかに複数の皇女がいたのに、皇女を第二十六代の天皇にしないで閏系を五代もさかのぼって男子を求めて、㉖継体天皇にしたわけであるから、男系説の強い支柱になる。私もかつて、継体天皇のことに興味をもっていたとき、北畠親房（きたばたけちかふさ）の『神皇正統記（じんのうしょうとうき）』で次のような一文に出会った。

「応神五世の御孫にて、継体天皇えらばれ立給（たてたまふ）……群臣皇胤（こういん）なきことをうれへて求出（もとめだし）、奉（たてまつ）りしうへに」（傍点渡部）

この文章を読めば、次のことが誰にも分かる。武烈天皇には子供がいない。女のきょうだいは何人もいるが、皇統を受け継ぐべき胤（種）がないので、閏統で五代も遠く離れてはいるが、応神天皇の胤を受け継いでいる男子を天皇として立てたということになる。

ところが田中卓氏は、小林さんたちに「〝皇胤〟は天子の子孫、つまり〝皇裔〟で、男女の区別自体は問題になりません！」と教えたそうである。この『神皇正統記』の引用文を読んで、「胤」の意味が、男でも女でもよいと解釈されるなら、残念ながら田中卓氏はボケているといわざるをえない。

ところがこれに対する田中＝小林側の反論は特徴的である。私が「武烈天皇には少なくとも三人の姉妹がおられた。その女性に皇位を渡さずに……」と書いた文章の、ここで傍点をつけた部分を取り上げて、『古事記』にも『日本書紀』にも六人と書いてあるのに、「少なくとも三人」と書いたから「シロウト」だというのである。

笑わせてくれますよね。本質的問題は、武烈天皇には何人もの姉妹がいたのに、「皇胤」でないから閏系をさかのぼって男子を探してきたのではないか。その姉妹の数を「複数」といってもよいし、「大勢」と書いてもよいし、「五、六人」と書いてもよいし、「三人以上」と書いても議論にまったく関係ない。しかも間違ってもいない。それを取り上げて、他人を「シロウト」呼ばわりするのは、田中卓氏がボケかかっているからであろう。

「三人以上」と私が書いたのを、「記紀には六人いるぞ」と本題に関係のない博学をひけらかすのは、老耄学者にときに見られる現象である。私の座右に記紀がないとでも思っておられるのだろうか。

◉継嗣がいないのは禍のもと

それに、さらに小林・田中両氏の往生際の悪いことには、北畠親房が「皇胤なき」と書いたのは、「武烈天皇に子がないことを指したもの」といっている。そして講談社学術文庫の『日本書紀』の継体天皇の条に「武烈天皇は五十七歳で八年冬十二月八日におかくれになった。もとより男子も女子もなく、跡嗣が絶えてしまうところであった」（傍線小林さん）というところを取り上げ、「もとより男子なく」と書けば済むはずなのに、わざわざ女子もいないことを書くのは、女系でつなぐこともありえたと推察される、といっている。

一応もっともらしい議論であるが、もしこの知識が田中卓氏より得たものであるならば、『日本書紀』のこの記述の次も読むように、田中卓氏に忠告してほしい。そこにはこう記述が続いている。

「大伴金村大連議りて曰く『方今絶えて継嗣なし。天下何処にか心を繋けむ。古より今まで、禍は斯に由りて起これり』……」

ここで、近臣たちが相談した結論をいっているのだ。「いま武烈天皇がなくなったら、どこにも継嗣（皇位継承者）がない。国中のどこを探したらよいのか。昔から継嗣がいないことが禍のもとになってきている」と。ここで「継嗣がどこにもいない」―「国中どこを探したらよいのか」と心配しているのだ。

女帝でよかったら、武烈天皇の姉妹が何人もいて、いずれも㉔仁賢天皇の皇女たちである。しかし皇女たちを候補にあげていない。それで男系の継嗣を求めて、⑭仲哀天皇の五世の孫を最初は丹波に訪ねたが逃げられ、ようやく⑮応神天皇の五世の孫の継体天皇となられた男系の継嗣、つまり皇胤を説得することに成功したのだ。田中卓氏には「シロウト」でも御自分より丁寧に、また正確に『日本書紀』を読んできた者があることを知ってもらいたい。

　また小林さんは、「胤（たね）」という訓に「血筋、血統、子孫」という意味があることを私が知らないらしいと批判している。そして、『説文解字』に「子孫相承続也」とあると学のあるところを見せてくれた。じつに笑うべき批判である。一つの字にいくつも意味があることぐらい、誰でも知っている。小林さんは何と、私に古語辞典でも引くように忠告してくれた。笑止千万とはこのことだ。一つの単語にいくつもの意味があるが、コンテキストの中でどの意味が当たるかを見るのが一番大切なのだ。いままで話題になった『神皇正統記』の「皇胤」が、男系の継嗣（タネ）である以外に解釈のしようがあるというのか。田中卓氏もそこから逃げて別の話にした。

　『説文解字』が小林さんの文章に出てきたのは、ちょっとした驚きであった。おそらく、田中卓氏の知識だと思うが、これも田中卓氏の理解不足だ。『説文解字』を書いたのは後漢の許慎（きょしん）である。そのころの儒教のシナで「子孫相承続也」とあっても、その相続思想に女性が含まれていると考えるようでは、漢文を引用しないほうがよいと思う。子供の読む『三国志物語』でも、劉備（りゅうび）をもてなした主人は、自分の妻を料理して喰わせている。劉備はそれに感激している——といった国の、そういう時代だったのだ。

●シナの知識は間違いだらけ

㉕武烈天皇の姉妹が皇位を継げなかったのは女子だからであり、その理由は「シナ男系主義の影響」と小林さんはいう。軽々しくシナを引き合いに出すのは、戦後の日本の古代史家の通弊であるが、そのおかしさを指摘しておこう。これには岡田英弘氏の明快な研究がある。その要旨を述べておく。

たとえば、小林さんも言及している卑弥呼やシナ人の書いた倭人伝の類である。シナの歴史書には、日本の実情を書く意図も知識もまるでなかったのである。シナの皇帝と周辺の国がどんな関係であったかを書けばよいのであって、倭人朝貢という事実を誇示すれば、あとの記述は問題でない。書く当人が問題にしなかったことをいくらいじくっても、事実にはまったく関係がない。倭寇や秀吉や朝鮮出兵やその和議などで日本に関する関心が例外的に高まり、日本に関する情報もうんと増大したはずの明の時代の日本伝は次のような調子のものだという。

「日本にはもと王があって、その臣下では関白というのが一番偉い。当時関白だったのは山城守の信長であって、ある日、猟に出たところ、木の下に寝ている奴がいる。びっくりして飛び起きたところをつかまえて問いただすと、自分は平秀吉といって、薩摩の国の人の下男だという……」

秀吉と戦争したり交渉したりしていた国の十六、十七世紀の正史にこの程度のことを書く習慣の国の人が、それより一千年も前のほとんど交渉のなかった時代の日本について、その国の歴史に何が書いてあってもまともに史実と見るわけにはいかない。何らかのヒントを得て仮説を立てることはできる。そんな仮説の立て比べが、戦後の日本古代史の学者のあいだに見受けられた。田中卓氏もその一人だったと聞いたことがある。

その仮説を小林さんは「シロウト」の私にぶつけてくる。小林さんは「三世紀頃の日本には卑弥呼や神功皇后に見られるように、女王や女帝の存在は珍しくありませんでした」という。卑弥呼は大きなお宮の巫女だったのを、シナ人かコリア人が見て、その噂の噂ぐらいが、魏志倭人伝に書かれたのかもしれない。

小林さんは「神功皇后は『風土記』などには〝天皇〟として記されており、『日本書紀』編纂の時点で天皇から外されたとみられています」といって、元来、神功皇后は天皇だったのに、「シナの男系主義の影響」で天皇でなくなったといいたいらしい。それは、たんに『風土記』の記述が間違っていただけの話である。第一、小林さんは、六世紀末にシナ文明圏からの離脱が強く意識されて推古女帝という女帝が誕生したという。すると、議論に矛盾しないか。『日本書紀』は女帝のときに編纂されたのである。

●「入り婿」などない

さらに大きな矛盾は、女帝誕生が日本のシナ文明圏からの離脱の結果生じたとすれば、シナ文明圏からの離脱がもっと完璧になった平安時代以降、江戸時代まで一人も女帝が出なかったことと矛盾する。土台、シナの相続のやり方、結婚のやり方を日本の皇位継承法に結びつけるのがとんでもない話なのである。

シナやコリアのような儒教文明の圏内では、「同姓娶らず」というのが鉄則だ。日本人がイトコ間で結婚するのも、儒教圏の人は「淫ら」といって軽蔑する。古代の皇室関係はイトコどころか、伯父・叔父と姪、母さえ違えば兄弟と姉妹のあいだの結婚もふつうだ。古代エジプトでもそうだったそうだが、日本の古代は貴種は散らさないのがルールだったようである。それが元来、はじめから多くの違った人種から成り立っているシナ、ひいては儒教圏との違いだ。『日本書紀』もいまの倫理の物差しでは、濃厚な相姦図ばかりだ。「シナの男系主義の影響」は、シナを使った仮説好きの老人のなぐさみだと思えばよい。

こういう仮説を「カルト的」に信奉すると、とんでもないことを平気でいうようになる。「㉖継体天皇は㉕武烈天皇の姉である手白髪皇女を皇后として、いわば〝入り婿〟になることで、ようやく皇位に就くことを認められたのです」と小林さんはいう。皇位継承は農家の後継ぎを決めるのと違うことも分からない人と論争するのもバカバカしいが、やはり叙述は正さなければなるまい。

前に述べたように、㉕武烈天皇に継嗣（胤＝男の子）がないので、⑮応神天皇五代の孫に当たる方をようやく探し出して、皇位に即く同意を得る。そうすると大伴金村大連が、三種の神器を奉って再拝した。そして「天皇しらしめたまふ（即天皇位）」ことがあった。その後に大連や大臣などを任命された。さらにその後、大伴大連がまた願い出る。それは「家庭をもって夫婦仲良くしてもらわないと、継嗣ができません」といって、㉔仁賢天皇の皇女（㉕武烈天皇の姉）を「納れて皇后」となさることをお願いするのだ。この記述を読めば、「入り婿」などという発想法の出てくる余地はまったくないのである。

ついでにいっておけば、十年ぐらい前後から皇統論が喧しくなる前から出ている皇室系図を見てみよう（**一五五ページの図7参照**）。

㉕武烈天皇の跡は断絶している。㉖継体天皇は⑮応神天皇からの系統である。皇后になった㉔仁賢天皇の系統ではない。当たり前である。「入り婿」などではないのだから。同じ理由で㊸元明天皇の系図は絶え、㊹元正天皇は草壁皇子、㊵天武天皇とつながっているのである（**図8参照**）。これは皇室の慣習法、皇位継承の意味をきわめて解りやすく示している。明治の皇室典範の正しさは一目瞭然だ。

図８　第38代天智天皇〜第49代光仁天皇系図

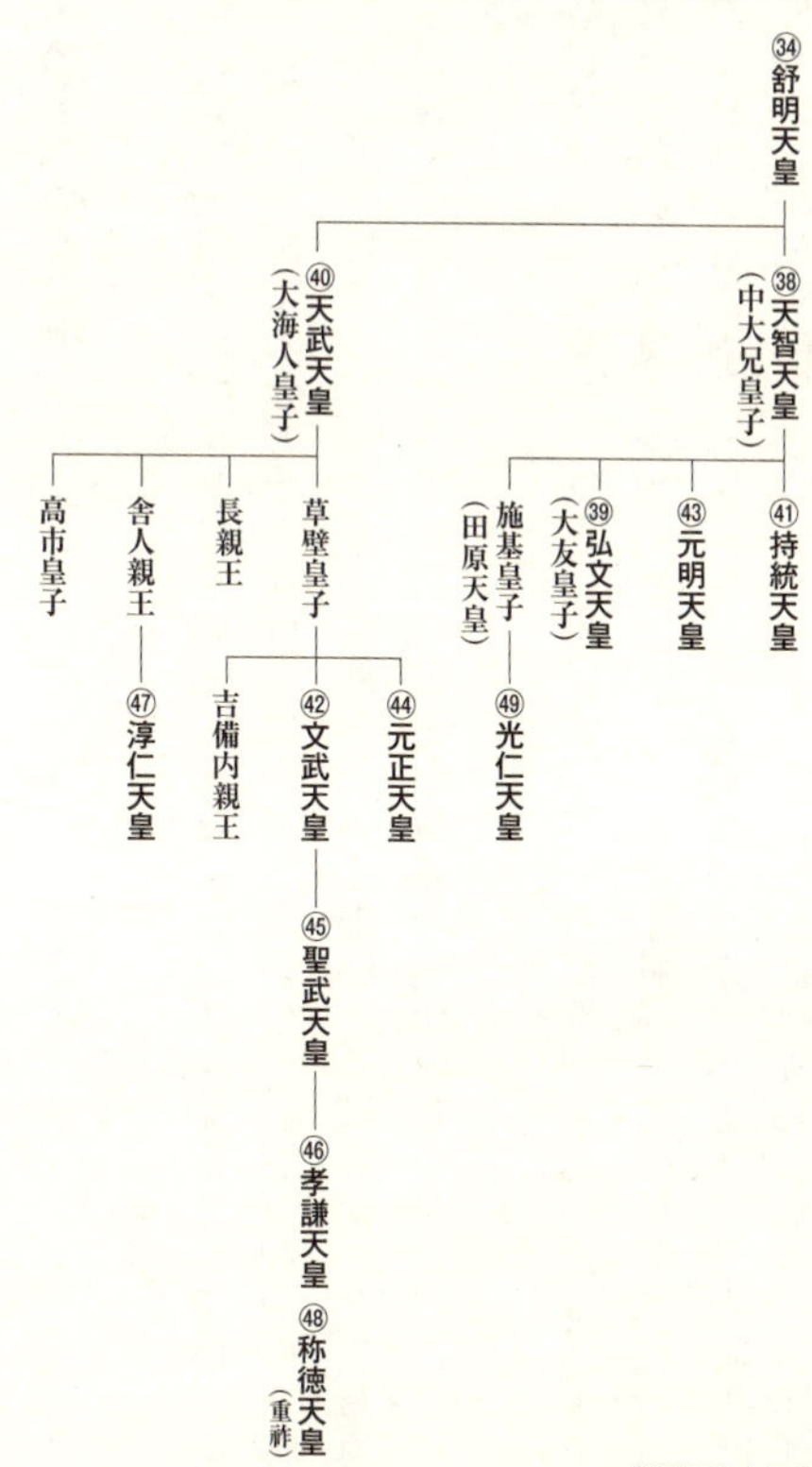

『標準日本史年表』（吉川弘文館）より

◉個人攻撃への反論

ここで、私に向けられた小林さんの個人攻撃について反論を述べておかなければならない。その攻撃の仕方が小林さんの卑劣な人格を示しているからである。私のプライベイトなこと、ヒトラー主義者という虚構の話にちょっと立ち返る。あれは皇統論につき、こちらの敬語を用いた質問に向かい合わず、いきなり攻撃してきた。

その姿はスカンクに似ているというイメージが私に浮かんだのだ。スカンクはちゃんと対決しないで臭液を放ってよしとする。小林さんの絵は、私にはスカンクがらみで臭画とも醜画とも思えた。その臭画のなかに出てきた個人攻撃のなかで、まだ小林さんが続行しているものがある。そのやり方も典型的に小林さんの人格を示すものであるから答えておく。

それは、私が田中卓氏にくらべて「シロウト」であって、日本史や皇統を論ずる資格がないという主旨のものだった。私は自分を英語学（詳しくはイギリス国学史）の専門家だと思っている。だから、大学や文部省や退職記念論文集などにつける「業績表」にはその関係のものしか載せていない。一〇〇万部以上出た本も、三〇万部以上出た本も、三十年以上重版を続けている本も、大学教員としての業績表にはいっさい挙げていない。だから、日本史だろうが皇統論だろうが、自分でもそれについては「シロウト」と考えているから、そういわれても当然だと思っている。

しかし、「シロウト」という言葉が「田中卓という専門家の意見と違うことを述べる資格がない」という含意で述べられた場合は、「まんざらのシロウトでもないですよ」と反論せざるをえない。そのシロウトの皇統論や日本史の本を読んでくださる方もいらっしゃるのだから。

それで、「こんなことはふだんはいわないことなのだが」ということで、私が「田中卓氏の前には頭も上げられぬ無学者でもない」ことを示すために、いくつかのことを述べた。このことを小林さんは「……ほとんど渡部氏の〝自慢話〟で埋め尽くされています。よく恥ずかしげもなく……」といっている。ふだんならばいわないことを、恥ずかしげもなくいわなければ自分の名誉が守れないような侮辱的な個人攻撃を始めたのは誰か、胸に手を置いて考えてもらいたい。

その「自慢話」のなかで、私は上智大学を定年になる少し前に「神宮皇學館大学」の神学科の二人の教授の訪問を受け、出講を求められた、と書いた。このとき、皇學館大学の前に〝神宮〟をつけて書いてしまったのは、戦後、一時廃校になる前の神宮皇學館のことを少し知っており、それが口ぐせになってしまっていたので、〝大学〟になって復活したとき〝神宮〟は削除されたにもかかわらず、つい〝神宮〟をつけてしまったのである。

それは明らかに余計なことを書いた間違いだが、皇學館大学という名前しか知らない人間よりは、神宮がついた名称が口ぐせになっている人間のほうが、「神宮」とか「神道」に関心をもちつづけていたという証（あかし）として寛恕（かんじょ）をお願いする。

皇學館大学の神学科の教授がお二人、東京まで出てこられて出講を求められたことについては、そのお二人も、そういうことになったことに関係した人も生存していらっしゃるから、事実について争う必要はまったくない。

◉こんな嘘などつかない

ところが、小林さんは皇學館大学の人にたずねてみたところ、「そんなことはないはずだ」という答えを聞いて、小林さんは私が嘘をついているということにしたのであった。そして「皇學館大学が渡部氏の神道の知識に〝お墨付き〟を与えたという話になりそうにありません」という。大学に関係して半世紀以上も生きてきた男が、こんなことで嘘でもつくかと思って確かめられた小林さんの根性にも驚くが、小林さんには大学の人事というものについて簡単に説明しておく必要がある。

まず他の大学の学者を招きたいときは、必ず非公式の出講についての話がある。知り合いならば、電話のこともある（そういう出講依頼の話を東大の友人から電話で受けたこともあった）。もちろん、手紙などによることもある。面会もある。伊勢からわざわざ二人の教授が出てこられたのは、非常に丁寧なやり方であった。この話のなかで、出講が決まれば、その後にその大学なり学科から正式の依頼状が出る。専任としての場合は、いまの勤務先の大学に割愛状などが届く。私の場合は、最初の面会のときに、名誉であるとは思ったがご辞退した。だから、詳しい授業の科目などには立ち入らなかったし、専任の話でもなかったと記憶している。

しかし、この出講依頼を、私は皇學館大学の神学科が私に一種のお墨付きを与えてくれたと喜んでいる。そしてこれはまったく自慢だが――八十歳にもなった男なので自慢も多少大目に見てほしい――専門家で皇學館大学の学長までなさったという田中卓氏より、私は『神皇正統記』や『日本書紀』を正確に読んでいる気がしてならない。名誉を守るために自慢せざるをえない立場に追い込んでくれた小林さんに感謝しつつ、ついでに自慢を続けさせてもらう。

この前の伊勢神宮の式年遷宮の際に、全国からの神官の方を集めた大きな集会で、日本と神社の話をするように招かれた。プロ中のプロの全国大会で日本の神社の話をさせていただいたことは、還暦前後の私の大きな名誉であった。その後も神官の方々の集会にはときどき招かれる。ある神職の方には、「戦後の神職の人たちに勇気を与えたのは先生の「私の」『日本史から見た日本人』が一番です」といわれたこともある。

◉皇室の最大の敵

日本の皇室は神社と一体である。日本の仏教が栄えているのも、皇室と神社というものの存在があればこその逆説的現象だと思っている。

その皇室を消滅させようという日本人は、大正時代までいなかったと思う。ロシア革命があり、コミンテルンの支部が世界にできると、日本にあるコミンテルン支部（戦前の日本共産党）に、モスクワからいわゆる三二年テーゼが命令として出された。そのなかには「皇室をなくせ」というのがあった。戦前の貧しい人たちを見て社会正義感に燃えて共産党に入った人たちの多くは、皇室撤廃の指令には反撥して共産党を去った。スターリンの試みは失敗した。

戦後共産党は一時伸びたが、占領政策は、皇室を残すことが占領統治には好都合と考えたらしく、憲法も皇室典範も変えられたが皇室は安泰の姿を示した。そのうちソ連が解体したので、皇室の最大の敵は消えた。しかし、皇室の消滅を願ったり、それを狙ったりする力は侮りがたく強く残っている。ロシア革命以来の世界の状況を見ると、左翼思想の人はじつに遠目が利く、つまり遠大な計略が得意であると思わざるをえない。

日本の皇室にも女性のお子様ばかりのときに、皇室典範を変えるための政府の審議会がつくられた。それを牛耳っているのは左翼として知られる人たちだった。その審議会には忙しくてあまり出席できないような、そして皇統については深く考えたこともないような実業家などが加えられた。そしてじつに速やかに答申が出された。それは実質上、現皇太子殿下が天皇になられた次の天皇を愛子様にするということだった。

ここに左翼の陰謀をかぎ取ったのがいわゆる男系論者であり、多くの国民であった。少し考えてみれば明らかなように、今上天皇百年ののちに、皇太子殿下が御即位なさる。その新天皇百年ののちに、愛子様が即位される。そのとき、愛子様はおいくつになられているだろうか。今上陛下の御治世や皇太子殿下が天皇になられての御治世が十分に長ければ、愛子様が御即位のときは妊娠不能のお歳になっておられる可能性が高い。それで皇統断絶になる可能性が高い。

◉占領憲法無効宣言を

　ではその前に結婚なされるとしたら、皇配（「愛子皇太子殿下」の配偶者、こういう人は皇室の伝統にない）になられる人はどんな人物か。その方がふつうの人だったり、外人だったらどうなるか。そのお子さんができても日本人は「天皇」と仰ぐだろうか。つまり、女系論をふりかざして愛子天皇様をたたえる心情は分かるとしても、そこに皇室廃絶をたくらむ人たちの計画が秘められていると考えられるのだ。愛子天皇のあとのことを考えると、それはスターリンが墓場のなかで高笑いするようなことになる可能性があるのだ。

　あの皇室典範改革答申が出たときに、皇統の危機感をもった日本人は日本人らしいと思う。女系論者もその気持ちだったかもしれない。しかし、左翼の遠目には及ばないのだ。秋篠宮家の御慶事で一時の危機は去ってほっとしたものの、恒久的な解決とはいいがたい。

　恒久的な皇室の繁栄のためには、明治の皇室典範に戻ることである。そのためには、占領憲法を一日でも半日でも無効宣言すればよいのだ。ほんとうは独立回復したときにそれをやれば、アメリカも当然として反対しなかったはずである。これは吉田茂と当時の政治家たちの怠慢だった。一日でも無効宣言があれば、明治憲法も皇室典範ももとに戻る。憲法のほうは、占領憲法のよい点を採用して改憲すればよい。明治憲法の改正手続きは、あまり注目する人もいないが意外に簡単なのだ。

議員の三分の二の出席があって、その三分の二の賛成があればよい。つまり議員総数の九分の四で改正できるのである。ただ、その前の勅命が必要である。戦前の政治家、ときに天皇と接触できる元老級の人がその勅命を求めなかっただけである。伊藤博文が生きていたら、不備なところは改正したと思うのだが。

このように、明治憲法は陛下が賛成してくれれば簡単に改正できるのだから、一度、現憲法の無効宣言をして改正すべきところは改正すればよいのだ（たとえば刑事被告人の反対訊問権などは占領憲法のいいところである——もっとも角栄裁判では無視されたが）。皇室典範は皇室の家法なのであるから、そこの規定に従って、天皇を中心とする皇族方が主体となって改新の必要があるところは変えられたらよい。一般の国民は関与する必要のないことだ。

改憲のためのうねりは高まっているように思われる。そこに私は期待をかけたい。

◉小林さんへのお願い

小林さん、結局お互いにそうとう悪口の言い合いになりましたが、女系論など日本の皇統には当てはまらず、また皇統の弥栄（いやさか）に連なるものではない、いな、それは皇室消滅を願う左翼の遠謀深慮に連なるものであることを理解していただけたら幸いです。

小林さん、あなたは田中卓という老学者の説にはまっていたのです。田中卓氏の学問がいかにいい加減なものであったかは、本稿で明らかになったと思います。私は専門が英語学で日本史や漢文はあなたがいったようにシロウトです。しかし、田中卓氏の論拠はそのシロウトでも簡単に文献的に破壊できるものでした。

本稿を書くにあたって、私は誰とも相談しないし、誰のアドバイスや資料の助けも得ていません。あなたの「最終回答」を読んだあと、一午後と一晩で一気に書いたものです。それでも、田中卓氏の論拠がいい加減なものであることを指摘するのに何の苦労もありませんでした。専門の学者が批判すれば、田中卓氏の議論はもっと完膚なくやっつけることができるでしょう。

専門の学者があまりそうしないのは、老学者に対する礼儀やら思いやりもあるからだと思いますが、一つは小林さんが田中卓氏をカルトの教祖のごとく信仰し、他の学者をマンガで叩くからです。ある私の尊敬する学者は、はっきり小林さんの「臭画」に出されるのが不愉快なので論争に出ないのだと葉書をくださいました。

小林さん、あなたは田中卓という、私の目から見たら学力のいかがわしい老人の番犬、ドーベルマンの役を果たしてきているのです。小林さんが皇室のご繁栄を願っている気持ちは理解しました。しかし、亡国の女系論老耄学者のドーベルマンになりつづけることはやめてくださるようお願いします。それが日本のため、皇室の弥栄のためですから。

妄言多謝

あとがき

一国の歴史、つまり国史とは何であるか。それは、その国民の見る虹のごときものであるということを、私はオウエン・バーフィールドというイギリス人の小著から偶然学んだ。

バーフィールドという人は一般に知られていなかった。いまから半世紀以上も前にオックスフォードのブロード・ストリートの古本屋から *History in English Words* (London：Faber and Faber, 1926) という本を見つけた。英語の単語をもとにイギリス人の精神史を語るもので、じつにすばらしい本であった。これがどういう学者なのか、そのころは知っている人にも会えず、彼の名を挙げている英語学関係の本もなかった。しかし知を啓くような感じがする著述であるので、上智大学の英文科の演習で使った（そのときの教え子の一人との共訳の形で中央公論社から『英語のなかの歴史』として出していただいた）。

大学で使ったときは勇気を要した。何しろ英語学者の誰も言及したことのない本を使うのだから。しかし、その後は彼の業績が再発見されていることはその訳書に書いておいた。

この本の訳稿ができたとき、私はちょうどエディンバラにいた。そこではじめてバーフィールドを個人的に知り、かつ尊敬している人物に会った。それはグラスゴーの王立音楽院のルドルフ・ヘス教授である。

それまで知らなかったバーフィールドの経歴や背景を知るようになったことは幸いであった。そのおかげでロンドンに出てきたとき、シュタイナー関係の本を扱う小さな書店に入り、『話者の意味（*Speaker's Meaning*, 1967）』というパンフレットみたいな小著に出合ったのである。

これはバーフィールドがアメリカに招かれたとき、ブランダイス大学で行なった四つの公開講演を収録したものであった。そしてパラパラと立ち読みしたら、ギクリとする文章に出合ったのである。その大要は次のようなものであった。

歴史的事実は雨後の空中の水滴のごとく無数にある。しかしそこに虹を見るためには、ある一定方向と、ある程度の距離が必要である。歴史的事実という無数の事件の連続のなかに、一つの虹を見ること。それがその国民の歴史、つまり国史であり、その国民の共通の意識表象となるものである。

歴史的事実と国史は、材料が同じでも異質のものである。虹も水滴だが、たんなる水滴とは異質である。それまでの私は「史観」と「史実」の区別を明らかに意識していなかったのである。

日本史でもイギリス文学史でも、一〇巻以上もあるシリーズがある。当然執筆者は多数である。事実については詳しい。それなりの参考になる。しかし水滴研究であり、虹は見えてこないのだ。歴史大辞典の事項を、年代順に並べたようなものになりがちである。

たとえば英文学の歴史を調べるときに、『ケンブリッジ英文学史』一五巻は堂々たる著作であり、その索引を用いれば英文学史上の事実は詳しくわかる。しかし英文学とは何であるかを、虹のように見せてはくれない。福原麟太郎先生の『英文学の思想と技術』（光風館、昭和二十三年）はたった一七〇ページの小著ながら、英文学というものの虹を見事に示してくれている。

バーフィールドという人は、「事実」と「意識」の関係に深い関心と洞察をもっていた人であった。たとえば彼の『見かけの重要さ（*Saving the Appearances*, 1965）』という本のなかでも虹の比喩を使っている。虹が向こうに見えるので、そこに行ってみたら虹はなく、あるのは水滴だけである。では水滴は実在するが、虹は実在しないといえるかどうか。素粒子は存在するが恋人は存在しないといえるか。恋人も分析すれば分子になり、さらに分析すれば原子、素粒子になってしまう。科学的アプローチは虹の水滴、つまり恋人の分子、原子に向かう。しかし人間の意識は水滴を見ず虹を見、分子を見ないで恋人を見る。

日本の歴史を水滴集団のごとき事実として研究もできるが、一つのユニークな国史として、つまり一種の虹としても見ることができると思う。日本民族の歴史を私が虹のごとく見たのが本書である。そのなかの水滴を、虹を見ながらもっと詳しく知りたい方は、ＷＡＣ社から出ている私の八巻の日本の通史を参考にしていただきたい。本書は遠くから日本史という美しい虹を見た人間の、その虹についての簡潔な報告書である。

本書の企画を下さったＰＨＰ研究所の吉野隆雄氏に心から御礼申し上げます。

平成二十三年（二〇一一年）七月

渡部昇一

著者紹介
渡部昇一（わたなべ　しょういち）
昭和５年、山形県生まれ。上智大学大学院修士課程修了。ドイツ、イギリスに留学後、母校で教鞭をとるかたわら、アメリカ４州の大学で講義。上智大学教授を経て、上智大学名誉教授。Dr.phil.（1958）、Dr.phil.h.c.（1994）。専門の英語学だけでなく、歴史、哲学、人生論など、執筆ジャンルは幅広い。昭和51年、第24回日本エッセイストクラブ賞。昭和60年、第１回正論大賞。
著書に、『英文法史』（研究社）、『英語の歴史』（大修館書店）などの専門書のほか、『知的生活の方法』（講談社現代新書）、『知的余生の方法』（新潮新書）、『英語の早期教育・社内公用語は百害あって一利なし』（李白社）、『国家とエネルギーと戦争』（祥伝社新書）、『渡部昇一の昭和史』（ワック）、『取り戻せ、日本を。』『渡部昇一、靖国を語る』『日本と韓国は和解できない（共著）』『朝日新聞と私の40年戦争』（以上、ＰＨＰ研究所）、『日本とシナ』『渡部昇一の古代史入門』『渡部昇一の中世史入門』『渡部昇一の戦国史入門』（以上、ＰＨＰ文庫）など。

この作品は、2011年９月にＰＨＰ研究所より刊行された。本文中の組織名、役職名、時代背景などは発刊当時のものである。

PHP文庫 皇室はなぜ尊いのか
日本人が守るべき「美しい虹」

2015年5月15日 第1版第1刷

著者	渡部昇一
発行者	小林成彦
発行所	株式会社PHP研究所

東京本部 〒102-8331 千代田区一番町21
文庫出版部 ☎03-3239-6259(編集)
普及一部 ☎03-3239-6233(販売)
京都本部 〒601-8411 京都市南区西九条北ノ内町11

PHP INTERFACE http://www.php.co.jp/

組版	株式会社PHPエディターズ・グループ
印刷所 製本所	図書印刷株式会社

ISBN978-4-569-76150-3

PHP文庫好評既刊

渡部昇一の古代史入門

頼山陽「日本楽府(がふ)」を読む

渡部昇一 著

日本人に脈々と受け継がれる精神の「核」とは何か？　神代の英雄から平安朝の幕引きまで、わが国のルーツがわかる古代史入門の決定版！

定価　本体六四八円（税別）